AF357404

JURISPRUDENCE

OBSERVÉE EN PROVENCE

SUR LES

MATIÉRES FÉODALES,

ET LES

DROITS SEIGNEURIAUX,

Divisée en deux Parties.

SECONDE PARTIE.

A AVIGNON,

Chez la Veuve Girard, Imprimeur-Libraire,
Place St. Didier.

M. DCC. LVI.

DIVISION DE L'OUVRAGE.

Seconde Partie.

TITRE I.

DE LA DIRECTE.

I.

'INFÉODATION, & le Bail à Emphitéofe tranfportent au Vaffal, & à l'Emphitéote la propriété, ou domaine utile des fonds dont ils font inveftis, & laiffent à l'ancien Propriétaire un droit de mouvance qui forme la Seigneurie Directe.

II.

Le Cens, qui doit fon origine à la Directe, n'eft pas cependant de l'effence de cette même Directe, qui peut fubfifter fans lui.

Ainfi dans la pancarte contenant le tarif, ou taux des lods dûs au Roi en Provence, rapportée dans le 4e. vol. des Arrêts recuëillis par Boniface, l'on trouve fouvent ces expreffions. *Solvuntur laudimia ad rationem de denariis viginti, pro librâ quâlibet de poffeffionibus franchis, & de non franchis, folvuntur ad rationem, &c.*

III.

On peut aliéner le Cens, & retenir la Directe ; alors il y a trois domaines. Le Direct qui reste à celui qui a donné le fonds à titre d'Emphitéose ; & les autres deux domaines utiles restent , l'un au Possesseur du fonds , & l'autre à celui qui a acquis le Cens.

Cancerius *resol. part.* I. *cap.* 12. n. 14. Olea *de tessione jurium. tit.* 6. *quæst.* 11. n. 20.

IV.

La Directe Féodale est celle qui est attachée à un Fief ; la Directe emphitéotique est celle qui a été formée par l'Acte de nouveau Bail d'un fonds roturier & allodial.

V.

Il y a en Provence une autre espèce de Directes créées par des Particuliers, qui Propriétaires de fonds allodiaux se font assujettis à cette servitude en faveur d'un tiers, à prix d'argent. Ces Directes impropres sont toujours rachetables , en remboursant le prix reçu.

Jugement rendu par Pierre de Beauvau Grand-Sénéchal de Provence le 7. d'Avril 1484.

De-Cormis tom. I. col. 818. *ubi* Arrêt du 13. de Décembre 1630. contre le Chapitre de l'Eglise Métropolitaine d'Arles.

V I.

C'eft au Poffeffeur du fonds foumis à une Directe établie à prix d'argent , & qui veut être admis au rachat à conftater le vice de l'o. rigine de cette même Directe.

L'on foumettoit autrefois le Poffeffeur de la Directe à juftifier par le titre conftitutif que la Directe n'avoit pas été créée à prix d'argent. Il y a dans le recuëil des privilèges de la Ville d'Aix , & à la fuite du Jugement de Pierre de Beauvau des Arrêts qui le jugerent ainfi.
Aujourd'hui il n'eft plus douteux que la preuve ne doive être rejettée fur le Poffeffeur qui demande le rachat. L'Arrêt rendu par le Parlement de Touloufe le 8. de Mars 1644. dans la caufe évoquée entre le Chapitre de l'Eglife Métropolitaine d'Aix , & la Communauté de la même Ville , fut le principe de la nouvelle jurifprudence. De-Cormis tom. 1. col. 818.

V I I.

Les Directes Féodales font , ou univerfelles affectant la totalité du Fief ; ou particulières. Celles-ci fe foufdivifent en Directes fubordonnées à la Directe univerfelle , & en Directes qui en font indépendantes.

V I I I.

La feule qualité de Seigneur Haut-Jufticier dans un terroir circonfcrit & limité ne fuffit pas pour réclamer la Directe univerfelle. Mais elle fournit une préfomption qui jointe avec celles qui naiffent de la propriété ancienne ou actuelle des terres gaîtes, & des nouveaux baux qui affectent des fonds répandus dans les différens quartiers du terroir , forme une preuve parfaite.

Mourgues pag. 143. & suiv.
Acte de Notoriété donné par Mrs. les Gens du Roi le 15. de Novembre 1727. Un autre donné par les Avocats le 12. du même mois.

I X.

Le Seigneur qui a la Directe universelle est dispensé de justifier par des titres particuliers que le fonds est soumis à sa mouvance. C'est au Possesseur de ce fonds à exhiber le titre d'exemption. En matière de Directe particulière, celui qui prétend qu'elle lui est acquise, doit en cas de dénégation le justifier par l'Acte primordial , ou par des équivalens.

Régle constante. Par équivalens on entend deux reconnoissances qui suppléent au défaut de l'Acte de nouveau Bail.

X.

La Directe universelle n'est pas incompatible avec les Directes particulières répanduës dans le même terroir.

Mourgues pag. 146.
Il y en a une infinité d'exemples dans les Fiefs de Provence. Ces Directes particulières ont été ou démembrées de la Directe universelle, ou prescrites par un tiers.

XI.

XI.

Le Seigneur qui a la Directe univerſelle eſt fondé à exiger des Poſſeſſeurs des Directes particulières , qu'ils repréſentent leurs titres ; & ſi elles ſont dépendantes de la Directe univerſelle , il a le droit de demander l'aveu & dénombrement , d'exercer le retrait en cas de mutation qui donne ouverture à ce droit , ou d'exiger le lods , ſur le prix de ces mêmes Directes.

XII.

Il y a deux ſortes d'interverſion de la poſſeſſion du Seigneur-Direct ; l'expreſſe , qui s'opére par le deni-formel du Vaſſal ou Emphitéote ; & la tacite , qui a lieu lorſqu'à l'inſçu du Seigneur Direct le fonds eſt vendu comme affranchi de toute Directe.

Duperier tom. 1. liv. 2. queſt. 7.

XIII.

L'interverſion tacite n'eſt admiſe qu'à l'égard des Directes particulières. Quand il s'agit d'une Directe univerſelle , il n'y a qu'une dénégation expreſſe de la part du Poſſeſſeur du fonds qui puiſſe ouvrir le cours de la preſcription.

Acte de Notoriété donné par Mrs. les Gens du Roi. Duperier tom. 1. liv. 2. queſt. 7. *ubi* il paroit déſapprouver la nouvelle jurisprudence qui a admis cette espéce d'interverfion faite à l'infçu du Seigneur Direct. **De-Cormis** tom. 1. col. 769. & 817.

Le Parlement de Bourgogne admet cette interverfion tacite ; non feulement quand le fonds a été vendu, comme franc & allodial, mais encore lorfque le cens n'a pas été dénoncé. **Dunod** trait. *des prefcriptions* pag. 358.

Le Parlement de Touloufe rejette au contraire cette interverfion tacite. **Mr. de Catelan** liv. 3. ch. 29. **Boutaric** trait. des Droits Seigneuriaux tit. *du cens* §. *Si la rente eft prefcriptible.*

XIV.

S'il eft déclaré dans l'Acte d'aliénation du fonds qu'il eft foumis à la Directe envers tout autre que celui à qui elle appartient, il n'y a point d'interverfion, pourvû que le tiers n'ait pas fait des Actes poffeffoires.

Arrêt rapporté par **Boniface** tom. 4. liv. 1. tit. 9. ch. 2

XV.

S'il n'y a dans l'Acte de vente aucune Déclaration de la franchife, mais feulement reticence de l'affujettiffement à la mouvance, l'interverfion n'a pas lieu.

Arrêt du 30. de Juin 1675. rapporté par **Boniface** tom. 4. liv. 9. tit. 1. ch. 1.

XVI.

La claufe, *franc fi franc*, *fervile fi fervile* ; ou autres femblables qui laiffent l'Acquereur dans l'incertitude de la franchise , est incapable d'opérer l'interversion tacite.

De-Cormis tom. 1. col. 1010.

XVII.

La réünion du domaine utile au domaine Direct en opére la confusion ; & ce domaine ne peut revivre que par la réserve expresse que le Seigneur en fait , en aliénant de nouveau le domaine utile.

Mr. d'Olive liv. 2. ch. 19. *ubi* Arrêts du Parlement de Toulouse.
Mr. de Laroche-Flavin tit. des Droits-Seigneuriaux ch. 2. art. 10.
Il semble que cette régle ne doit pas avoir lieu dans le district d'une Directe universelle.

XVIII.

Le Roi peut prescrire la mouvance immédiate d'une Arrière-Fief au préjudice du Seigneur du Fief.

Dunod. trait. *des prescriptions* part. 3. ch. 9. pag. 336. Mr. de Boissieu dans son traité *de l'usage des Fiefs* , établit que si le Roi n'est entré en possession que par des Actes de foi & d'hommage, il ne peut prescrire que par le laps de 100. ans. Mais s'il y a eu des mutations , & que les lods lui ayent été payés , la prescription est consommée après 30. ans. Guiot dans ses dissertations sur *les matières féodales* tom. 2. pag. 26. , rejette absolument la prescription par cette raison que le Roi étant Seigneur Suzerain du Fief de qui reléve l'Arrière-Fief , c'est le cas d'opposer la régle qui exclud la prescription entre le Seigneur & le Vassal.

XIX.

Si dans un Fief poſſédé par deux Coſſei-
gneurs , l'un d'eux acquiert des fonds mouvans
de la Directe de l'autre , il doit remplir vis-
à-vis de lui les obligations attachées à la qualité d'Emphitéote.

Arrêt du 30. de Mars 1677. rapporté dans le Journal
du Palais.

X X.

Le privilège de pouvoir rachêter les cens &
Directes en cas de vente des fonds originairement allodiaux , n'eſt pas commun à tous les
lieux de la Province.

Ce privilège accordé par Loüis II. Comte de Provence , & par la Reine Jeanne , n'affecte que la Ville & le
Terroir d'Aix ainſi jugé par un Arrêt du 14. de Mai
1714. en faveur du ſieur Brunet d'Eſtoublon , pour raiſon
de Directes établies à Manoſque.
Les deux Arrêts rapportés par Mourgues pag. 494. , &
qui paroiſſent contraires à celui-là , furent rendus dans
des circonſtances particulières. Les Seigneurs-Directs avoient
conſenti au rachat , & les conteſtations n'eurent pour objet que l'exécution.
De-Cormis tom. 2. col. 767. parle de ce privilège comme
ayant lieu dans toute la Province , il ignoroit cet Arrêt
du 14. de Mai 1714.
Il y a d'autres Villes dans la Provence où l'on connoit
auſſi ce rachat en vertu de privilèges particuliers.

XXI.

Si par le même Acte l'on a acquis plusieurs Directes , l'Emphitéote qui veut user du rachat , peut être contraint par l'Acquereur qui ne veut pas en souffrir la division , de se charger de la totalité.

Arrêt rapporté par Mourgues pag. 444.

XXII.

Le rachat doit être intenté dans les deux mois à compter du jour du Contrat, ou de la Notice , qui est présumée après un an à compter du jour de l'insinuation de l'Acte de vente.

Arrêt rendu en 1748. en faveur de M.re Bareste Bénéficier de l'Eglise St. Sauveur d'Aix , contre le sieur Figuieres de Ville-Bois.
Le Roi établit en 1656. des dépôts publics pour l'enregistrement de tous les Actes , contenant transports. Par l'Arrêt d'enregistrement le Parlement ordonna , que la Notice seroit présumée après un an à compter du jour que l'Acte auroit été inseré dans ces regiftres. La formalité de l'insinuation a remplacé celle de l'enregistrement.

XXIII.

Le Seigneur-Direct qui veut exercer le retrait sur le fonds vendu , est préférable à l'Acquereur qui veut intenter le rachat de la Directe.

Ainsi jugé par le même Arrêt rendu en 1748. en faveur de M.re Bareste. Le sieur Figuieres Acquereur du fonds soumis à la Directe , disputoit le retrait , sur ce

fondement qu'il devoit être lui-même admis au rachat de
la Directe, ne s'étant pas écoulé depuis l'acquisition que
M^{re}. Barefte en avoit faite, le tems néceffaire pour opérer l'exclufion de ce rachat. Mais il fut jugé, que le
retrait que le Seigneur-Direct vouloit exercer tendant à
anéantir l'Acte de vente, ce nouvel Acquereur devoit
perdre, ou n'avoit même jamais eu la qualité d'Emphitéote, & ne pouvoit par conféquent joüir d'un privilège attaché à cette même qualité.

XXIV.

Quoique le Poffeffeur du fonds emphitéotique n'ait pas reçu l'inveftiture, il peut lorfque
le Seigneur-Direct vend la Directe, intenter le
rachat contre l'Acquereur, fans que celui-ci puiffe le lui interdire en exerçant le retrait comme
Ceffionnaire ou invefti du droit de fon Vendeur.

Arrêt du 27. Juin 1747. en faveur de la Demoifelle
Mercadier de fallon contre le fieur Roufier.
L'Acte de vente de la Directe, donnant ouverture au
rachat qui anéantit cette même vente ; l'Acquereur ne
pouvoit plus faire ufage de cet Acte pour joüir du droit
attaché à cette même qualité de feigneur-Direct qu'on lui
enlevoit.

XXV.

La valeur foncière d'une Directe eft appré-
tiée à raifon du produit de Lods ; & s'il y a un
Cens qui en dépende, on l'évaluë fur le pied
du denier vingt.

Julien dans fes collections manufcrites fous le mot *locatio* De-Cormis tom. 1. col. 772.
La queftion s'étant préfentée entre M. l'Archevêque

d'Aix & l'Econome du Chapitre St. Sauveur, le Procès fut terminé par la voye de la conciliation la veille du jour où il devoit être jugé ; le Chapitre souscrivit à l'évaluation à raison d'un Lods & demi, M. l'Archevêque ayant bien voulu consentir à cette réduction, mais j'ay appris de Mrs. les Juges qu'on n'auroit fait aucune difficulté d'ordonner l'évaluation de la Directe à raison de deux Lods.

TITRE II.

DU LODS.

I.

LOds & Trézain font mots finonîmes, & ne défignent qu'un fimple Lods fixé à raifon d'un treizième.

Malgrè les Arrêts dont Bomy fait mention dans fon Recuëil de Coutûmes chap. *à quelle raifon fe paye le Lods en Provence* , cette régle fût long-tems méconnuë. Paftour dont le traité *de feudis* parut long-tems après, donna pour maxime tit. 13. n. 1. que ces expreffions défignoient un double Lods , ou un Lods fixé au fixième du prix. Mrs les Gens du Roi donnerent le 18. de Mai 1684. un Acte de Notoriété à Mr. le Préfident de Galifet, Seigneur du Tholonet qui s'étoit propofé de fe pourvoir contre un Arrêt du Parlement de Grenoble rapporté par Boniface tom. 4. liv. 5. tit. 1. ch. 6., & qui avoit jugé pour l'exclufion du double Lods. Les Sindics des Avocats à qui Mr. de Galifet demanda un pareil Acte de Notoriété , le refuferent. Boniface fait mention de cette circonftance. Voyez mes obfervations fur les Actes de Notoriété. n. III.

Duperier tom. 2. pag. 78. n. 367. remarque que l'erreur où l'on étoit tombé, en diftinguant ainfi le Lods & le Trézain, lequel n'étoit énoncé dans les anciens titres, que pour fixer le taux du Lods , étoit femblable à celle de quelques Auteurs qui , écrivant rélativement aux ufages des Pays coutumiers, avoient crû que les mots *Lods & ventes* indiquoient un double Lods, l'un dû par l'Achéteur, & l'autre par le Vendeur.

Aujourd'hui il n'y a plus aucun doute fur cette queftion ; & il eft généralement reconnu que le Seigneur né peut exiger le double Lods, qu'autant que dans ses titres constitutifs ou équivalens, à ces mots *Lods & Trézain*, sont joints ceux-ci, *à raison de deux sols par florin*, valant 12. sols.

II.

Le Lods est dû seulement sur le prix convenu, & non sur la valeur réelle du fonds ; quand même il y auroit la clause portant donative de la plus valuë.

Cette clause est mise comme dit Du-Moulin sur la Coutume de Paris §. 33. glos. 2. *ad tollendam dubitationem & non ad seriam donationem.* Duperier tom. 2. pag. 58. n. 270. Il dépend du Seigneur d'exercer le retrait ; & en ce cas il profite de la plus valuë, pour laquelle il ne donne rien.

III.

Les arrhes, lorsqu'il a été convenu que le Vendeur les conserveroit séparément du prix ; les frais des proxenetes ou Entremetteurs, les salaires du Notaire qui a reçu l'Acte de vente, les épingles ou pot de vin ne font pas compris dans la fixation du prix pour le Lods.

Du-Moulin cout. de Paris §. 78. glos. 5. Le cas de la fraude est toujours excepté ; c'est-à-dire, que s'il paroissoit par la fixation de ces frais, salaires, épingles ou pot de vin, que l'on a eu en vûë d'en faire une partie du prix, le Lods seroit pris sur tout ce qui excéderoit la juste mesure des présens ordinaires, ou d'un salaire raisonnable.

IV.

Le Seigneur-Direct peut demander à l'Achêteur même les Lods qui lui font dûs, pour de précédentes mutations, fans qu'il foit obligé de difcuter les anciens Poffeffeurs.

Il s'agit d'une charge réelle, affectant le fonds & qui le fuit, dans quelques mains qu'il paffe. Paftour *de feudis lib. 5. tit. 14. n. 2.*

V.

Dans le concours du Seigneur-Direct pour le payement du Lods & du Vendeur pour le prix, le Seigneur l'emporte.

Arrêt du 15. de Mai 1667. rapporté par Boniface tom. 1. liv. 3. tit. 4. ch. 6. n. 11.

VI.

Le Seigneur-Direct eft préférable à tous les Créanciers, & difpenfé de paroitre, & fe ranger dans une inftance d'ordre.

Arrêt du 2. de Novembre 1663. le Seigneur n'eft pas regardé comme fimple Créancier, par rapport au Lods, & au Cens qu'il s'eft réfervé *in traditione fundi.* Il eft cenfé demeurer Propriétaire à concurrence de cette réferve.

VII.

S'il s'agit d'un Lods dû pour raifon d'une vente faite par l'Héritier au préjudice des Lé-

gitimaires , ceux - ci font préférables au Seigneur.

Voici une exception à la régle précédente , & fondée
principalement fur cette raifon que les Légitimaires étoient
Portionnaires de ces mêmes biens alienés. Arrêt après partage , du 30. de Juin 1672. rapporté par Boniface tom.
4. liv. 2. tit. 1. ch. 13.

VIII.

Les intérêts du Lods ne font pas dûs *ex
morâ* , mais feulement depuis la demande ; même dans le cas où il s'agit d'une collocation
dans laquelle on a compris le Lods.

Arrêts du 16. de Juin 1636. rapporté par Duperier tom.
2. pag. 452. Autre Arrêt du 4. de Mai 1643. cité par
Paftour *de feudis lib.* 5. *tit.* 7. Autre Arrêt du 7. de Septembre 1676. rapporté par Boniface tom. 4. liv. 2. tit. 1.
ch. 19. Quatrième Arrêt du 15. de Mai 1715. Ces deux der-
niers Arrêts furent rendus dans l'hypotéfe du payement
ou rembourfement que le Créancier s'étoit fait à lui-même , en fe faifant colloquer pour le Lods.

I X.

L'aliénation forcée & faite pour l'utilité publique donne ouverture au Lods , mais il ne
doit être pris que fur la valeur du fonds , &
non pas fur le quint en fus qui eft accordé ordinairement au Poffeffeur évincé.

Pour l'adjudication du Lods , il y a les Arrêts cités
fans date par De-Cormis tom. 1. col. 998. ; & l'ufage
conftamment obfervé, eft que l'on paye non feulement
un Lods au Seigneur-Direct , mais encore un demi-Lods

de 10. en 10. ans, & l'on ne peut le forcer comme l'on fait en Languedoc en vertu d'un Edit du mois de Février 1713. d'éteindre & amortir la ᴅɪʀᴇᴄᴛᴇ & Cenſive à raiſon du denier vingt-cinq.

Il eſt vrai que nos uſages à cet égard ſont contraires à ceux des autres Provinces, où les ventes faites pour l'utilité publique & décoration des Villes, ne ſont pas ſujetes au payement du Lods. Livonières dans ſon traité des Fiefs liv. 3. ch. 6. ſect. 7. §. 7. Guiot dans ſon recüëil ſur les matières féodales tom. 3. pag. 511.

La raiſon ſur laquelle on ſe fonde, eſt que l'utilité publique doit l'emporter ſur l'intérêt particulier du Seigneur-Direct. Mais il ſemble que cette conſidération eſt balancée par pluſieurs autres raiſons qui ſont plus preſſantes. Eſt-il juſte de priver le Seigneur du Lods ſur le fondement de l'utilité publique, tandis qu'elle ne diſpenſe pas de l'obligation de payer à ſon Emphitéote le prix du domaine utile qu'on le force de vendre ? La même raiſon qui interdit au Seigneur le droit de demander le Lods, le prive auſſi pour l'avenir du droit d'indemnité, & dèslors ſon droit de mouvance eſt abſolument anéanti. N'eſt-ce pas aſſez qu'il perde à jamais le droit de pouvoir reünir le domaine utile au domaine ᴅɪʀᴇᴄᴛ par le retrait.

A l'égard du quint en ſus que l'on donne ordinairement au Poſſeſſeur d'une maiſon que l'on demolit, ou d'un terrain que l'on prend pour l'agrandiſſement d'une rüe ou place publique, j'ai vû élever la queſtion qui conſiſte à ſçavoir, ſi ce quint doit entrer dans l'évaluation ou fixation du Lods. Je ne connois ni Arrêts, ni Sentences qui l'ayent décidé. Mais il me ſemble qu'on ne doit pas héſiter à décider, que ce quint ne faiſant pas partie du prix de la valeur réelle du fonds, & n'étant donné au Poſſeſſeur évincé que par forme de dédommagement pour l'intérêt d'affection, le Seigneur-Direct ne ſçauroit prétendre, ſans injuſtice, qu'il doit augmenter le prix du Lods.

X.

La tranſaction produit Lods ; lorſque le Poſſeſſeur, qui eſt maintenû, avoit été évincé par

un titre dont le Demandeur ſe départ, ou lorſque pour s'aſſurer cette maintenuë il donne une
ſomme preſque équivalente au prix.

Arrêt du 10. de Décembre 1631. rapporté par Duperier tom. 2. pag. 451., & par Mr. le Préſident de Bezieux pag. 249. Le ſieur de Canillac avoit obtenu un Arrêt du
Parlement de Toulouſe qui avoit déclaré *Fidei-Commiſſés*
des domaines & Droits-Seigneuriaux acquis par la Communauté des Mées. En exécution de cet Arrêt il avoit
été mis en poſſeſſion, & n'avoit plus fait aucun Acte
poſſeſſoire; la Communauté demanda la caſſation de cette
Procédure, & par la tranſaction le ſieur de Canillac ſe
départit de l'exécution de l'Arrêt, & conſentit à la maintenuë de la Communauté, *mediante pecuniâ.*

Autre Arrêt du 24. de Mars 1642. contre la Communauté de St. Etienne, qui, après avoir ſouffert une collocation ſur les fours qui lui appartenoient, de la part
de ſes Créanciers, en reprit le domaine en vertu d'une
tranſaction par laquelle ils ſe départirent de leur collocation.

Le cas de fraude excepté, le Lods n'eſt pas dû ni par
celui qui eſt maintenu dans ſa poſſeſſion par la tranſaction, quoique ce ſoit *mediante pecuniâ*, ni par celui à
qui le fonds eſt déſemparé par ce titre. Mais dans ce
dernier cas, quelques Auteurs prétendent que le Lods doit
être ajugé, du-moins à concurrence de la ſomme payée, à
celui qui fait la déſemparation.

L'on trouve dans les Mémoires manuſcrits de Mr. de
Thoron un Arrêt du 15. de Septembre 1573., qui ſou-
mit le Demandeur, à qui le tranſport avoit été fait par la
tranſaction, au payement du Lods pour la ſomme qu'il
compta au Poſſeſſeur évincé.

Ce tempéramment ne paroit pas juſte, puiſque le Demandeur ou le Poſſeſſeur peuvent donner une ſomme mo-
dique *pro liberatione controverſiæ.* La régle la plus sûre
eſt de faire dépendre la déciſion de cette queſtion de ce
ſeul point ; la ſomme donnée eſt-elle aſſez conſidérable
eû égard à la valeur des fonds pour qu'on ait lieu de croire, que c'eſt proprement un achat déguiſé ? En ce cas le
Lods eſt dû. C'eſt ainſi que le déciderent par une con-

sultation Mrs Duperier , Peissonel & Julien , *si magna pecunia datur & æquivalens pretio.* Ce sont les termes dont se sert Julien dans ses collections manuscrites *tit. locatio cap. 3. §. 1. litt. R.*

XI.

Si le bail à loyer & le bail en antichrése ou engagement ont une durée de dix ans ou plus longue, le bail est dû.

Arrêt du 29. d'Octobre 1641. pour le Seigneur de Pourrières dans le cas du bail à loyer perpetuel ; il est rapporté par Duperier tom. 2. pag. 453. Mr. de Thoron dans ses Mémoires en rapporte un du 17. d'Avril 1577. Il y a un autre Arrêt du 16. de Décembre 1578. dont Mr. de Clappiers fait mention cauf. 103. quest. uniq. Il y a certains lieux en Provence où il a été dérogé à cette régle, ou par titre ou par la coutume. On ne la suit pas à Lambesc, & par un Arrêt du 30. de Juin 1666., il fut jugé qu'elle n'avoit pas lieu dans le terroir de Confoux.

A l'égard du bail à loyer pour dix ans. Arrêt rendu en 1663. rapporté par Duperier tom. 2. pag. 453.

Autre Arrêt du 26. d'Octobre 1641. cité par ce même Auteur tom. 1. liv. 4. quest. 25.

Pour le bail en antichrése. Arrêt du 29. de Juin 1687. rapporté par Boniface tom. 4. liv. 2. tit. 1. ch. 5.

Decormis tom. 1. col. 937. où il observe que si l'engagement a été fait sans fixation du tems où il cesseroit, le Lods est dû, dès que les dix ans sont expirés, & que dans ce cas, le Lods est acquis au Fermier qui étoit en possession lorsque l'engagement a commencé.

XII.

La vente à faculté de rachat est sujette au Lods, sans distinguer le cas où le rachat est stipulé pour le terme de dix ans ou plus, de celui où cette faculté a été retrainte à un moindre espace de tems.

Cette diftinction que notre jurifprudence n'a pas adoptée, eft cependant affez accréditée , ainfi que l'obferve Guiot mat. féod. tom. 3. tit. *du quint.* Mais elle n'en eft pas moins contraire aux vrais principes retracés par Du-Moulin fur la Coutume de Paris §. 55. *hodie* glof. 1. n. 47., & par d'Argentré fur l'art. 64. de la Coutume de Bretagne, & dans fon traité *de laudimiis* ch. 1. §. 17. Arrêt donné aux grands jours de Marfeille en 1659. rapporté dans le recuëil manufcrit de Mr. de Thoron. Duperier tom. 2. pag. 45. n. 204. De-Cormis tom. 1. col. 920. où il établit que le Lods eft dû dans le cas même où le rachat eft exercé avant que l'Acquereur ait perçû des fruits. Autre Arrêt du 10. de Janvier 1628. rapporté par Mourgues pag. 87. où il dit qu'on ne doute plus que le Lods ne foit acquis, foit qu'il s'agiffe du rachat conventionel, foit qu'il foit queftion du rachat introduit par un de nos Statuts, & dont il fera fait mention ci-deffous-art. XVI. Boniface tom. 4. liv. 2. tit. 1. ch. 8.

XIII.

La reprife faite en vertu du pacte de rachat dans le délai fixé n'eft pas fujette au Lods.

Droit commun. Le rachat n'eft pas un nouveau Contrat, mais une exécution du premier.

XIV.

Si après que le délai eft expiré, l'Achêteur confent à l'exercice du rachat, ou fi pendant la durée du délai il eft prorogé , & que le rachat foit enfuite exercé en vertu de cette prorogation, dans l'un & l'autre cas , il eft dû un fecond Lods.

Duperier tom. 1. liv. 4. queſt. 16. tom. 2. pag. 57. &c
268. De-Cormis tom. 1. col 921. Le-Grand ſur la Coutume de Troyes art. 75. gloſ. 3. n. 4.

XV.

Le Lods eſt dû lorſque ce n'eſt pas le Vendeur lui-même qui exerce le rachat , mais un
tiers à qui il en a tranſporté ou cédé le droit.

Duperier tom. 1. liv. 4. queſt. 15. & tom. 2. pag. 56.
n. 263.

XVI.

Le rachat que le Débiteur qui a ſouffert des
exécutions ſur ſes immeubles , peut exercer dans
l'an & jour , eſt régi par la même régle que le
rachat conventionel par rapport au Lods.

Le droit eſt acquis au Seigneur-Direct dès l'inſtant de
la collocation , mais il ne peut pas en exiger un ſecond
pour la repriſe. Mourgues pag. 87.
    Arrêt prononcé en Robbes Rouges le 17. de Mars 1 70.
rapporté par Mr. de St. Jean deciſ. 20. Autre Arrêt du
26. de Mars 1583. rapporté dans les Mémoires de Mr.
de Thoron. Arrêt du 30. de Juin 1617. qui décide que
le Lods n'eſt pas dû par le rachat. Bomy cout. ch. 17.

XVII.

Le Seigneur qui pour des ſommes qui lui
ſont dûës par ſon Vaſſal en Emphitéote , eſt
colloqué ſur les biens mouvans de ſa Directe,
ne peut pas faire ajoûter à ces ſommes le Lods,
& en groſſir ſa collocation.

Arrêt

Arrêt rendu par le Grand-Conseil le 17. de Février 1687. entre l'Œconome de l'Ordre de Malthe au Grand-Prieuré de S. Gilles, les PP. Prêcheurs d'Arles, & Me. De Colonia Avocat, il est rapporté par Boniface tom. 4. liv. 2. tit. 1. ch. 7. ; & au chap. 12. il fait mention d'un autre Arrêt du 4. de Mai 1671. qui jugea, que le cessionnaire des arrerages de cens dûs au Seigneur ayant été colloqué pour ces mêmes arrerages, le Lods n'étoit pas dû.

Le Lods est dû pour prix de l'investiture donnée par le Seigneur, & il ne peut pas se la donner à lui-même ; Mrs. les Gens du Roi, avoient attesté par un acte de Notoriété donné dans le procès, sur lequel intervint cet Arrêt, que l'usage autorisoit le Seigneur à prétendre le Lods en ce cas. Mais cet usage étoit contraire aux principes ; & il est certain qu'on ne le suit pas.

XVIII.

Dans ce même cas où le Seigneur est colloqué sur des biens mouvans de sa directe, & dans celui où il les achette, il n'est pas soumis à tenir compte du Lods à son Fermier ; mais il en est autrement si c'est par l'exercice du retrait qu'il en devient possesseur.

Duperier tom. 2. p. 82. n. 383. après avoir rapporté le sentiment de Dumoulin qui décide que le Lods est dû au Fermier pour l'achat fait par le Seigneur, se déclare pour l'opinion contraire, par cette raison que quand on afferme les droits Seigneuriaux, cela s'entend de ceux qui seront dûs & il n'en est dû aucun pour les acquisitions faites par le Seigneur.

Cette question est très-bien discutée par Guiot, dans ses dissertations sur les matières féodales tom. 3. pag. 512. Il la décide contre le Fermier, le cas du retrait excepté.

Livonière dans son Traité *des Fiefs*, liv. 3. ch. 6. §. IX. est d'un sentiment contraire. Il distingue le cas où le Seigneur achette, & celui où il vend. Là il veut que le Lods soit payé au Fermier ; ici il le lui refuse. L'Auteur des nottes sur le traité *des droits Seigneuriaux* par Boutaric

tit. *des Lods*, §. XV. se déclare aussi pour le Fermier.
Enfin la jurisprudence des Parlemens n'est pas uniforme.

Mais indépendamment de l'opinion de Duperier, qui parmi nous est d'un très-grands Poids, ce qui me détermine à poser la régle contre le Fermier, est un Arrêt du 1. d'Avril 1661. entre le Fermier des droits Seigneuriaux de Volx & un cessionnaire du retrait féodal. On douta alors, si même dans le cas du retrait le Fermier pouvoit prétendre le Lods ; ce qui semble prouver qu'on ne doutoit pas que le droit ne lui étoit pas acquis pour l'achat fait par le Seigneur. Le Lieutenant en la Sénéchauffée de Forcalquier avoit décidé que le Lods n'étoit pas dû par le cessionnaire du retrait féodal. Sa sentence fut réformée.

XIX.

Il n'est dû aucun Lods pour la donation ou désemparation que le Père fait à son fils à la charge de payer des dettes, même à concurrence du prix des biens.

Voyez la consultation sur les Lods dûs au Roi en Provence, imprimée à la fin de ce titre quest. 3.

Il n'y a absolument que la vente, du Père au Fils, qui donne ouverture au Lods. On feint quant aux autres transports, que c'est par anticipation d'hoirie, & que le Fils chargé de payer les dettes, ne fait que ce qu'il auroit fait un jour, institué héritier par son Père.

XX.

Le Fils achetant aux enchères un fonds appartenant à son Père n'est pas soumis à payer le Lods, lorsqu'il compense le prix, avec la somme qui lui étoit dûë en vertu d'une donation.

Arrêt rapporté par De-Cormis tom. 1. col. 1008. Cet

Auteur croyoit que le Lods étoit dû , parce qu'il y avoit réellement une vente. Cependant l'Arrêt eft très-équitable. Le Fils en fe colloquant ou en recevant , foit de la main même de ion Père , foit de celle des Créanciers, le paye-ment de fa donation en immeubles n'auroit point dû de Lods.

XXI.

Les collocations que l'héritier par bénéfice d'in-ventaire fait fur les biens de l'hoirie pour fes propres créances , ou pour celles dont il a rap-porté la ceffion , font exemptes du payement du Lods.

Arrêt du 12. de Mai 1623. contre le Prévôt de l'E-glife Métropolitaine d'Aix. Autre Arrêt du 23. de Juin 1636. entre Scipion Caire & Pierre Arnaud de Valenfole. Ils font rapportés par Boniface tom. 4. liv. 1. tit. 2. ch. 9. & rendus fur l'hipotéfe des créances propres à l'héritier. Duperier tom. 2. pag. 452.

Quant aux Créanciers dont il eft ceffionnaire. Arrêt du 28. de Juin 1644. rapporté auffi par Boniface *ibid.* où il obferve que l'on avoit produit fept Arrêts de préjugé. Il en cite un autre rendu par la Cour des Aides le 17. de Juin 1641.

Voyez la Confultation faite en 1683. fur les Lods dûs au Roi, imprimée à la fin de ce titre queft. 4. où l'on diftingue le cas où la collocation feroit faite pendant la vie du Père par le Fils émancipé, & en vertu des cef-fions qu'il auroit rapportées. En ce cas le Lods feroit dû.

Tous ces Arrêts que je viens de citer, ainfi que cette confultation faite en 1683 fe rapportent uniquement à l'hi-pothéfe du Fils héritier par Inventaire. Mais la régle eft générale. Livonière trait. *des Fiefs* tit. *du Lods* liv. 3. art. 17. L'Auteur des nottes fur le traité des droits Sei-gneuriaux par Boutaric tit. *des Lods* pag. 107. L'héritier par Inventaire fe maintenant en la poffeffion des biens, il n'y a point de mutation.

XXII.

Si l'héritier a répudié la succession paternelle, il doit le Lods pour ses collocations, sans aucune distinction entre ses créances & celles qu'il a acquises.

Duperier tom. 2. pag. 452. rapporte un Arrêt du 23. de Juin 1636. qui jugea pour l'exemption du Lods. Cet Auteur & Boniface qui a aussi fait mention de cet Arrêt tom. 4. liv. 2. tit. 1. ch. 9. n'ont pas pris soin d'observer que le Fils héritier de son Père & poursuivant le payement de la dot de sa Mère avoit répudié. Mais j'ai vérifié cette circonstance, dans des défenses que Duperier avoit données dans une autre procès où il faisoit usage de ce même Arrêt.

Boniface en rapporte un autre *loc. cit.* du 6. de Mars 1643. qui décida que le Lods étoit dû. Julien dans ses collections Mss. *tit. locatio cap.* 3. §. I. *litt.* C. en cite un du 14. de Mai 1660. qui adjugea aussi le Lods. Me. Saurin Père fait mention dans ses notes d'un autre Arrêt qu'il fit rendre contre les Fermiers de Mr. de Vendôme, Abbé de Lerins.

Dans ce concours de préjugés, je crois devoir donner la préférence à ceux qui sont pour l'adjudication du Lods. L'on ne peut pas admettre à l'égard de l'héritier qui a répudié la fiction de la continuité de Domaine.

XXIII.

Le Lods n'est pas dû des donations universelles faites à la charge de payer les dettes du Donateur.

Arrêt du 2. de Mars 1618. dans le cas d'une donation de la 3e. partie des biens *per modum quotæ.* Autre Arrêt du 25. d'Octobre 1619, contre Mr. le Maréchal de Créqui, Baron de la Tour d'Aigues. Ces deux Arrêts font rapportés par Boniface tom. 4. liv. 2. tit. 1. ch. 2. De-Cormis tom. 1. col. 923. où il cite un Acte de Notoriété donné par Mrs. les Gens du Roi le 25. de Mars 1639.

La charge de payer les dettes du Donateur ne change pas elle seule la qualité de l'Acte, & n'en fait pas présumer la fraude, ou déguisement ; puisque le Donataire universel est, ainsi que l'héritier, soumis au payement des dettes, à concurrence des biens donnés.

Mais il peut se présenter des cas où ce Donataire doive être soumis au payement du Lods à concurrence des dettes, en voici un exemple. Le sieur Barre avoit fait une donation universelle en faveur du sieur Siloy, Trésorier des Etats. L'acte s'anonçoit lui-même comme une vente déguisée. Le Donataire avoit exigé que le Donateur se soumit à la garantie en cas d'éviction. Tous les biens donnés consistoient aux Domaines dont la valeur pouvoit être de 25000 liv. il étoit justifié que les dettes absorboient presque entièrement cette valeur. Le Donataire s'étoit même plaint en justice de la surprise qui lui avoit été faite. Il avoit exigé du Donateur une réduction des réserves contenuës dans la donation. Par Arrêt rendu par la Cour des Comptes entre les Sindics des Créanciers du sieur Siloy & le Fermier des droits Seigneuriaux de la Terre de Meyrargues le 21. de Novembre 1713. le Lods fut adjugé à concurrence des dettes que le Donataire s'étoit chargé de payer. Cet Arrêt est rapporté par Bonnet lett. L. somm. 5.

XXIV.

La donation particulière d'un immeuble faite en faveur d'un collatéral ou étranger est sujette au payement du Lods.

Arrêt du 12. de Novembre 1626. Autre Arrêt du 17. d'Octobre 1668. Autre du 5. d'Octobre 1677. Ils sont rapportés ou cités par Boniface tom. 4. liv. 2. tit. 1. ch. 1.

Arrêt du 14. de Mars 1742. en faveur des Œconomes du Monastère S. Victor, du Chapitre de l'Eglise Cathédrale de la Ville de Marseille & des P. P. Dominiquains de la même Ville. De-Cormis tom. 1. col. 925. & col. 958. où il observe que l'on a douté long-tems si le Lods étoit dû,

& il fait mention d'un Arrêt de partage à la Grande Chambre & à la Tournelle. Le Procès ayant été ensuite terminé par la voye de la médiation, le Seigneur direct reçut la moitié du Lods. Il fait aussi mention d'une Sentence arbitrale rendue par Mrs. Gautier & Gaillard, Avocats & qui adjugea le Lods. Enfin la régle est affermie & il ne faut pas s'en rapporter au sentiment de Pastour qui dans son Traité *de Feudis* liv. 5. tit. 4. dit que le Lods n'est pas dû ; erreur adoptée par Bonnet lett. D. somm. 5.

X X V.

Le legs d'un immeuble fait en faveur d'un Collateral ou étranger, n'est sujet au Lods qu'à concurrence de la somme que le Testateur peut avoir chargé le légataire de payer.

Arrêt du 28. d'Avril 1578. entre le sieur Saphalin de Marseille & la nommée Colavier ; lequel jugea, que le Lods d'un Legs pur & simple n'est pas dû.

Autre Arrêt du 22. de Novembre 1619. entre la Demoiselle de Vento d'Aix, & la nommée Tenque, de Marseille, rapporté par Pastour *de Feudis* liv. 5. tit. 4. & par Duperier tom. 2. pag. 451. Pour le payement du Lods à concurrence de la charge ou dette qui doit être acquitée par le légataire. Il y a l'Arrêt du 30. d'Avril 1637. rapporté par Boniface tom. 4. liv. 2. tit. 1. ch. 3.

La même question s'étant présentée dans l'hipothése d'un Legs fait par un Oncle à sa Niéce à la charge de payer à la Veuve du Testateur une pension viagère de 16 liv. & avec cette autre condition que le légataire ne pourroit pas réclamer de la quittance faite en faveur du Testateur pour raison de son administration tutelaire, il intervint Arrêt à l'Audience du Rolle le 16. de Février 1693. confirmatif de la Sentence qui avoit débouté le Seigneur direct de sa demande en adjudication du Lods. Les parties étoient Mre. Serre & Anne Farnouze, de Toulon.

Cet Arrêt n'est pas contraire au précédent. La double condition imposée à la légataire ne pouvoit pas être regardée comme renfermant implicitement la vente du fonds légué à concurrence de la charge.

XXVI.

Lorsqu'en payement d'une somme léguée à un Collatéral ou étranger, l'héritier désempare un fonds de terre, le Lods est acquis au Seigneur direct.

Arrêt du 19. de Novembre 1626. en faveur de l'Œconome du Monastère S. Barthelemi d'Aix, contre le sieur de Collet & la Dame de Guiran sa femme.

Voyez la consultation faite en 1683. quest. 5. & 6.

XXVII.

Le payement fait en fonds par l'héritier d'un Legs en argent qui tient lieu de légitime, est exempt du Lods, si le fonds désemparé dépendoit de la succession sur laquelle doit être prise la légitime.

Ainsi jugé par Arrêt du 3. d'Avril 1582. rapporté par Mr. de S. Jean décis. 20. Il s'agissoit du bail en payement d'un fonds tant pour la légitime que pour les fruits ou intérêts qu'elle avoit produit. On ne disputoit pas qu'à concurrence de la légitime le Lods ne fut pas dû ; mais l'on prétendoit, qu'il l'étoit pour les intérêts parce qu'ils étoient une dette personnelle à l'héritier qui auroit dû les acquitter. L'Arrêt rejetta cette distinction.

Arrêt du 23. de Mai 1622. Mourgues pag. 154. Autre sans datte, rapporté par Clapiers cause 89. Autre du 28. de Juin 1644. entre le sieur de Tripoli & le sieur de Paul de Sallon.

Voyez la consultation faite en 1683, imprimée à la fin de ce titre quest. 5. & 6.

XXVIII.

Si l'héritier, ufant de la faculté que l'un de
nos Satuts lui donne de payer la légitime en
argent, déclare opter pour cette forme de payement, & fouffre enfuite une collocation fur
les biens de la fucceffion, pour n'avoir pas fa-
tisfait à l'engagement qu'il avoit contracté, le
Lods n'eft pas dû.

Ainfi jugé par un Arrêt fans datte rapporté par Clap-
pier, cauf. 90.

XXIX.

Le ceffionnaire de la légitime ne joüit pas
de l'exemption du Lods accordée au légitimaire
lui-même.

Voyez la confultation faite en 1683, imprimée à la fin
de ce titre queft. 17.

XXX.

Dans tous les cas, où l'exemption a lieu,
elle affecte non feulement la créance, en principal ; mais encore les fruits ou arrerages d'intérêts qui en font l'acceffoire & même les
dépens.

Arrêt du 3. d'Avril 1585. rapporté par Mr. de S. Jean
décif. 20 ; & cité ci-deffus n. XXVII.

XXXI.

La conftitution d'une dot en immeubles, ou la défemparation d'immeubles en payement d'une dot, conftituée en argent, ne font pas fujettes au lods.

S. Jean décif. 20. Mourgues fur les Statuts pag. 154. De-Cormis tom. 1. col. 953. Boniface tom. 1. liv. 3. tit. 4. Voyez la confultation faite en 1683, imprimée à la fin de ce titre & les obfervations.

XXXII.

La défemparation d'un immeuble en payement d'une dot conftituée par un Père à fa fille Religieufe eft fujette au lods.

Arrêt rapporté par Boniface tom. 1. liv. 3. tit. 4. ch. 1. Je doute de la Juftice de cet Arrêt, dont le motif fut que la créance étoit devenue propre à l'Œconome du Monaf-tère. Mais étoit ce moins en payement d'une dot düe à la fille dont les actions ne pouvoient être exercées que par cette même Œconome ? Plufieurs Auteurs foutiennent que le lods n'eft pas dû. Voyez les notes fur le traité des droits Seigneuriaux de Boutaric. tit. *des lods* pag. 153.

XXXIII.

Lors qu'un fonds eftimé eft donné en dot, s'il eft convenu que le Mari, qui, par cette eftimation en devient acheteur, le retiendra, le cas de la reftitution de la dot arrivant, & en payera le prix aux héritiers de la femme ; ce même cas étant arrivé, le lods doit être payé au fermier du tems du contrat. Si le mari conserve la liberté de rendre le fonds, le Lods sera dû au Fermier du tems, où le mari aura rendu le prix aux héritiers de la femme.

Pastour lib. 5. tit. 2. n. 19. De-Cormis tom. 1. col. 953. Dans l'un & l'autre cas, le Lods est suspendu, jusques au tems de la restitution de la dot, parce que pendant la mariage, le mari n'a que le domaine civil.

XXXIV.

La collocation de la femme pour sa dot, en vertu d'un jugement qui lui a permis d'en poursuivre la répétition, *marito vergente ad inopiam* ne donne pas ouverture au Lods, dès l'instant qu'elle est faite.

Cette collocation n'est proprement qu'une espèce d'assûrance donnée à la femme, & elle croule si la fortune du mari change de face, où s'il survit à sa femme. Duperier tom. 1. pag. 472. Bomy dans son recueil de coutumes pag. 30. fait mention de plusieurs Arrêts qui l'ont jugé ainsi. De-Cormis tom. 1. col. 974.

XXXV.

Après que la collocation est devenue un titre irrévocable le Lods est dû, & doit être payé au Fermier qui se trouve alors en possession.

Arrêt du 21. de Novembre 1622. cité par De-Cormis tom. 1. col. 971. Bomy dans son recuëil de coutumes p. 30. Duperier tom. 1. maximes de droit tit. *de la collocation.*

XXXVI.

Le Lods est dû par rapport aux biens que la

femme prend en payement de fes avantages nuptiaux.

Ainfi jugé par Arrêt du 7. de Juin 1686. rapporté par Boniface tom. 4. liv. 2. tit. 1. ch. 8. La femme oppofoit qu'elle n'avoit qu'une portion virile à prendre dans ces gains nuptiaux.

XXXVII.

Si la femme eft colloquée fur les biens de fon mari en exécution d'un jugement d'ordre intervenu dans une inftance générale de diftribution, le Lods eft dû fans fufpenfion.

Le tranfport eft alors abfolu & irrévocable. La femme ne devant pas en ce cas être traitée différemment des autres Créanciers dont la collocation n'eft fubordonnée à aucun événement. Arrêts rapportés par Boniface tom. 4. liv. 2. tit. 1. ch. 9. De-Cormis tom. 1. col. 672.

XXXVIII.

La femme, qui étant héritière par inventaire de fon mari, reçoit des biens en payement de fa dot, ne doit point de Lods.

Duperier tom. 1. pag. 119. De-Cormis tom. 1. col. 671. Il en eft ainfi des biens que tout héritier par inventaire retient, en comptant le prix aux Créanciers de l'hoirie. Le motif eft, qu'il n'a jamais perdu la propriété. Voyez ci-deffus n. XXI.

XXXIX.

Lorfque la mort civile du mari donne lieu à la collocation de la femme, le Lods eft dû.

Arrêt rapporté par De-Cormis tom. 1. col. 1362.

X L.

Si dans la collocation faite par le mari, ou dans la défemparation d'immeubles en payement de la dot de fa femme, font compris des intérêts & des dépens par lui faits, le Lods eft dû à concurrence.

Arrêt en 1628. rapporté par Mourgues pag. 162. & par Paftour *de Feudis lib.* 5. *tit.* 2. *n.* 20. la créance eft propre au mari, & ne doit pas jouïr du privilége attaché à la dot.

X L I.

La reprife d'un fonds Deguerpi ne donne pas ouverture au Lods.

Il y a un ancien Arrêt du 16. de Novembre 1626. qui adjugea le Lods.

Arrêt du 2. d'Avril 1627. qui le refufe. Il eft rapporté par Duperier tom. 2. pag. 452. Autre Arrêt femblable du 20. de Mars 1684. contre le Seigneur du Tholonet. Il eft rapporté par Boniface tom. 4. liv. 2. tit. 1. ch. 6. & à la fuite de celui-là, il fait mention d'un autre du 10. de Mars 1638.

La raifon de décider eft que le Bailleur reprend la poffeffion du fonds *ex causâ antiquâ, & per viam diftractus.* Ce n'eft pas par voye de tranfport, mais par extinction & réfolution du droit de Preneur, comme dit Loifeau dans fon Traité du Déguerpiffement. De-Cormis tom. 1. col. 982.

X L I I.

Si la vente eft faite fous condition, le Lods eft fufpendu jufqu'au tems où la condition ac-

complie rend la vente abſoluë. Mais il eſt acquis au Fermier du tems où le contrat fut paſſé.

Arrêt du 8. Mars 1632. rapporté par Duperier tom. 2.
pag. 461.

Mais cela doit s'entendre d'une condition qui tient véritablement en ſuſpens la vente ; & non d'une condition
réſolutive, c'eſt-à-dire, qui n'anéantit pas la vente dans
ſon principe, mais ſeulement dans l'exécution. A l'égard
de celle-ci elle n'opère, ni la ſuſpenſion du payement du
Lods, ni la répétition, le cas de la réſolution arrivant.
Mais il n'en eſt pas dû un ſecond pour la repriſe que fait
le Vendeur. De ſorte que ce cas eſt abſolument ſemblable
à celui de la vente, avec pacte de rachat.

Le pacte appellé dans le droit *addiⱪionis in diem*, &
par lequel il eſt ſtipulé, que ſi dans un certain tems quelqu'un offre un plus haut prix, la vente ſera révoquée, eſt
communément regardé comme formant une condition ſuſpenſive. Mais il y a diverſité d'opinions par rapport au
pacte de la Loi commiſſoire ſuivant lequel la vente n'a aucun effet, ſi le prix n'eſt pas payé au terme convenu.

Pluſieurs Auteurs, & entr'autres Duperier tom. 2. pag.
55. n. 259, & Livonière trait. *des Fiefs* liv. 3. ch. 4. ſect.
4. prétendent que ce pacte forme une condition ſuſpenſive.
D'autres Auteurs décident que la condition n'eſt que réſolutive, & par conſéquent que le Lods eſt dû, mais que
le Seigneur n'en peut pas en exiger un pour la repriſe faite
par le Vendeur. Tel eſt le ſentiment de Paſtour *de Feudis*
lib. 5. tit. 2. n. VI.

L'Auteur des notes ſur le traité des droits Seigneuriaux
de Boutaric. tit. *des Lods* §. XI. n. XXVII. ſoutient que
le Lods eſt acquis au Seigneur, mais que la réſolution
arrivant, il doit le rendre, parce que la vente eſt anéantie
dans ſon principe, que tous les veſtiges en ſont effacés ;
ce qui eſt ſi vrai, ajoute-t-il, que l'Acquéreur eſt obligé
de rendre les fruits qu'il a perçus.

Si la vente eſt anéantie dans ſon principe même, c'eſt
une raiſon pour décider qu'il s'agit d'une condition ſuſpenſive, & par conſéquent le Lods n'eſt pas dû dès l'inſtant de la vente.

XLIII.

Le Lods eſt dû pour vente de bois de haute futaye, & non pour les bois taillis, quand même ils ſeroient d'une eſpèce à pouvoir devenir arbres de haute futaye.

Pour le premier cas il y a pluſieurs Arrêts ; les plus anciens ſont rapportés par Mourgues ſur les Statuts pag. 157. il a même été jugé par un Arrêt cité dans les notes de Me. Saurin, & rendu en faveur du Seigneur de Rougiers, que la vente de quelques chênes diſperſés, étoit ſujette au Lods, le fonds emphitéotique étant par-là déteriore. Pour le ſecond cas, il y a l'Arrêt du 30. de Juin 1740. en faveur de la Communauté d'Auriol, contre l'Abbé de S. Victor. Il s'agiſſoit d'une Forêt dont la coupe avoit donné lieu anciennement à un des Arrêts rapportés par Mourgues, elle étoit alors nature de haute futaye. Mais la Communauté l'ayant réduite en taillis, & en coupes réglées, il fut jugé que le Lods n'étoit pas dû. Il y a un ſemblable Arrêt rendu par le Parlement de Grenoble en faveur de la Communauté de Rians, contre M. de Gautier de la Mole Seigneur d'Artigues, Conſeiller Honoraire au Parlement d'Aix.

XLIV.

Le Lods n'eſt pas dû pour une coupe d'oliviers.

Arrêt du 3. de Juin 1709. rapporté par Mr. le Préſident de Bezieux liv. 4. ch. 7. §. 7.

XLV.

C'eſt le Vendeur & non l'acheteur des arbres de haute futaye qui doit payer le Lods.

Ufage conftant & fondé fur ces raifons, que le fonds refte au Vendeur, & que le Lods eft en ce cas l'indemnité de la déterioration du fonds emphitéotique, & non lè prix d'une inveftiture.

XLVI.

Le Lods n'eft pas dû d'un partage entre cohéritiers, ou affociés, dans le cas même où les fonds font laiffés à un feul, les autres retirant leur portion en argent ; ni dans le cas de la licitation faite fans fraude.

S. Jean décif. 30. De-Cormis tom. 1. col. 966. Duperier tom. 1. liv. 4. queft. 19.

XLVII.

Le Lods n'eft pas dû, lorfque l'acte de tranfport eft annullé pour caufe inhérente à ce même acte, & s'il a été payé, il doit être reftitué.

Arrêts rapportés par Boniface tom. 1. liv. 3. tit. 4. ch. 2. & 3. Clappiers cauf. 66. queft. 1. Mourgues pag. 161.

XLVIII.

Le Lods doit être reftitué, dans le cas où la femme réclame, & reprend le fonds dotal vendu par le mari.

Arrêt rendu en 1623. & cité par Paftour *de Feudis lib.* 5. *tit.* 2. *n.* 10.

XLIX.

Si la réfolution de l'acte n'a pas pour principe la nullité ou autre cause inherente, le Lods ne peut pas être répété, mais il n'en est dû aucun pour la reprise.

Arrêt du 22. de Novembre 1638. rapporté par Boniface tom. 1. liv. 3. tit. 4. ch. 2.

L.

Si la vente est rescindée pour lézion d'outre moitié, le Lods n'est pas dû, & s'il a été payé, il doit être restitué.

Duperier tom. 2. pag. 46. n. 212. & pag. 47. n. 223. Pastour liv. 5. tit. 2. n. 12.

L I.

Si dans le cas de la récision pour lézion d'outre moitié le Vendeur préfére de rendre le surplus du juste prix, le Lods doit être restitué, à concurrence de ce même surplus, & si la lézion est opposée contre l'Acheteur qui opte pour le payement du supplément du juste prix, le Lods de ce supplément est dû.

Duperier tom. 2. pag. 47. n. 223.

L I I.

C'est au Fermier du tems de la vente que le Lods du supplément est dû.

D'argentré *tract. de laudimiis cap.* 2. ce supplément est regardé comme ayant dû faire originairement partie du prix de l'acquisition.

LIII.

LIV.

L'acte étant cassé pour nullité, ou autre cause inherente, le Seigneur ne peut se dispenser de rendre le Lods, sous prétexte que l'Acquereur a perçu les fruits pendant dix ans, ou plus long-tems.

Il y a deux Arrêts contraires à cette régle ; l'un du 10. de Juillet 1676, qui est rapporté par Boniface tom. 4. liv. 2. tit. 1. ch. 18. L'autre est cité dans un recuëil MII. de Mr. de Lestang, Conseiller au Parlement, en ces termes. *Il a été jugé à la Chambre des Enquêtes le 17. d'Avril 1674. que quoique régulièrement* ex contractu nullo nullum debeatur laudimium, *cette maxime générale cesse, lorsque le contrat en vertu duquel le Lods a été payé a en son effet, & a été exécuté durant l'espace de dix années, si le possesseur n'est pas condamné à la restitution de fruits, la vente des fruits faite pour 10. ans, & le louage ou arrentement fait pour un pareil tems, y étant sujets.*

Nonobstant ces Arrêts, fondés sur l'opinion de Du-Moulin cout. de Paris §. 78. n. 41. il me semble que l'on ne doit pas hésiter à adopter la décision que j'ai donnée pour régle ; & dont j'ai pour garants Duperier qui censure cette opinion de Du-Moulin, tom. 2. pag. 46. n. 213 ; & De-Cormis tom. 1. col. 986. où il discute très-bien la question & cite, mais sans datte, des Arrêts contraires à ceux dont je viens de faire mention. L'on peut voir aussi la discussion de cette même question dans les nottes sur le traité des droits Seigneuriaux de Boutaric, tit. des Lods pag. 205.

LV.

Quoiqu'il y ait procès sur la nullité de la vente, le Seigneur peut exiger le Lods en donnant caution.

O

Arrêt en Mai 1628. cité par Pastour *de feudis* lib. 5. tit. 2. n. 11. autre Arrêt du 28. de Novembre 1631.

LVI.

Le Lods est acquis irrévocablement au Seigneur , quoiqu'on prétende prouver la simulation de l'Acte par une Déclaration sous signature privée.

Arrêt du 8. d'Octobre 1635. rapporté par Duperier tom. 2. pag. 452. S'il en étoit autrement , il dépendroit des Parties de frauder le Lods par des Déclarations privées *ex post facto.*

LVII.

Le département de l'Acte qui avoit donné ouverture au Lods , ne dispense pas de le payer; le transport se trouvant consommé par ce même Acte.

Arrêt du 6. de Février 1634. rapporté par Duperier tom. 2. pag. 451. Autre Arrêt du 8. d'Octobre 1635. Il n'est pas même nécessaire que l'Acte renferme ces clauses de stile, par lesquelles le Vendeur déclare qu'il s'est demis de la propriété , & en a investi l'Acheteur. Duperier tom. 2. pag. 134. n. 156.

LVIII.

Dans le cas de l'échange de deux fonds , mouvans d'une même Directe , il n'est dû au Seigneur-Direct qu'un seul Lods , dont chacun des fonds échangés supporte la moitié ; mais s'ils relévent de deux différentes Directes , le

Lods eſt dû à plein à chacun des Seigneurs.

Arrêt du mois de Juin 1663. rapporté par Boniface tom. 1. liv. 3. tit. 4. ch. 17. De-Cormis tom. 1. col. 540.

LIX.

Si l'un des deux fonds échangés , & ſoumis à la même Directe , eſt plus eſtimé que l'autre , le Lods eſt dû à plein pour la plus valuë.

Paſtour *de feudis lib.* 5. *tit.* 3. A l'égard , & à concurrence de cette plus valuë, c'eſt une vente.

LX.

La promeſſe de vendre, quoique faite à prix d'argent , ne donne pas ouverture au Lods.

Duperier tom. 2. pag. 80. n. 376.

LXI.

Le Lods n'eſt pas dû , quoique lors de la promeſſe de vendre l'Acquereur ait avancé une partie conſidérable du prix du fonds.

Arrêt du Parlement de Bretagne cité par Belordeau obſervat. liv. 4. part. 4. art. 8. , mais lorſque la vente eſt conſommée , le Lods eſt pris de la promeſſe , parce qu'il eſt cenſé faire partie de celui du fonds.

LXII.

La ſimple ceſſion d'une action réelle , ne produit Lods.

Duperier tom. 2. pag. 53. n. 251. Arrêt du 7. de Mai 1670. rapporté par Boniface tom. 4. liv. 2. tit. 1. ch. 4.

LXIII.

La vente ou transport d'une hérédité donne ouverture au Lods, par rapport aux fonds qui font partie de cette même hérédité.

Arrêt du mois de Mai 1647. rapporté par Duperier tom. 2. pag. 451. La vente par elle-même n'est pas sujette au Lods, *quia est venditio juris & nominis.*

LXIV.

Il n'est pas dû un second Lods, lorsqu'il est justifié par une Déclaration autentique, que le premier Acquereur avoit acheté pour celui à qui il défempare le fonds.

Arrêt en Mars 1664. rapporté par De-Cormis tom. 1. col. 994.

LXV.

Le Lods est dû pour la reprise d'un fonds en vertu de la clause de Précaire.

Voyez la consultation faite en 1683., & imprimée à la fin de ce titre.

D'Olivé liv. 2. ch. 17. La clause de Précaire ne produit d'autre effet que celui d'assurer au Vendeur une hipotéque privilègiée sur le fonds dont le prix lui est dû.

LXVI.

Il n'est pas dû un second Lods, lorsque le

Poſſeſſeur eſt évincé par l'action en regrés, ou par droit d'offrir.

Même conſultation faite en 1683. Duperier tom. 1. liv. 4. queſt. 19.

LXVII.

L'Acte par lequel on impoſe à prix d'argent, un Cens & une Directe ſur un fonds allodial, ne donne pas ouverture au Lods.

Arrêt du 7. de Février 1639. rapporté par Boniface tom. 1. liv. 3. tit. 4. ch. 5. n. 2.

LXVIII.

La vente de la rente foncière produit Lods.

Arrêt rendu en 1634. rapporté par Duperier tom. 2. pag. 453.

LXIX.

Le Bail à Emphitéoſe ne produit aucun Lods.

Duperier tom. 2. pag. 94. Clappiers pag. 142. 144. & 250. Julien dans ſes collections manuſcrites *tit. locatio cap.* 3. §. 1. *litt.* e, fait mention d'une Sentence arbitrale qui le jugea ainſi.

Mais cela doit être entendu du Bail emphitéotique, où il n'a été impoſé qu'un cens ou autre redevance ; car ſi outre cette même redevance, il a été donné une ſomme pour droit d'entrée, le Lods eſt dû à concurrence de cet argent donné.

Il y a un Edit de Charles II. Comte de Provence, du 26. de Mai 1294. qui veut que les Baux emphitéoti-

ques, où l'on a stipulé outre le cens, un droit d'entrée
considérable, soient regardés comme Actes de vente, soumis au payement du Lods. *Quoniam intelleximus*, est-il
dit dans cet Edit, *quod nonnulli, possessiones & jura quæ
non possunt titulo venditionis vel consimili sine curiæ nostræ, vel aliorum consensu transferri, & pro quibus est
præstandum laudimium curiæ nostræ, vel aliis, cum
possessio vel jura titulo venditionis, vel simili transferun-
tur, præsumunt transferre, seu concedere sine consensu
prædicto & nullo præstito laudimio, accepta pro his pos-
sessionibus, seu juribus, magna quantitate pecuniæ, &
recepto aliquo censu modico, in eisdem, seu pro eisdem;
nos igitur hujusmodi calliditatibus obviantes, & atten-
dentes quod tales contractus naturam venditionis sapiunt,
& est de ipsis circa præmissa, ut de venditionum contractibus judicandum, prohibemus hoc edicto in perpetuum
valituro tales contractus in comitatibus fieri, sine consensu illorum quorum in venditione fuerat requirendus con-
sensus. Statuentes pro hujusmodi contractibus, tanquam
pro venditionibus præstari trezenum; si verò contra factum sit, possessiones seu jura, super quibus contractus hujusmodi fuerit attentatus applicetur ipso jure illi cujus
fuerat requirendus, & cui præstandum erat trezenum.*

La disposition de cet Edit a été renouvellée par une
Déclaration du Roi Henri II. du 9. de Décembre 1559.
Il est défendu à tous les Vassaux & Féodataires, tenans
& possédans Fiefs, terres, domaines, & places Nobles,
& autres biens sous la Directe, Seigneurie & Souveraineté du Roi, de céder, aliéner, ni transporter aucunes
portions ou membres de leurs Fiefs, places ou domaines,
par un nouveau Bail à petite censive, & grosse somme de
deniers, sans payer les droits de Lods & ventes dûs du
prix, sous peine de perdre les choses transportées par le
nouveau Bail.

LXX.

Le Lods n'est pas dû pour l'imposition d'u-
ne servitude sur le fonds emphitéotique.

Voyez la consultation faite en 1683. imprimée à la fin
de ce titre. Duperier tom. 2. pag. 83. n. 391. De-Cormis
tom. 1. col. 919.

LXXI.

La gratification ou remife du Lods accordée par le Seigneur eft perfonnelle, & ne fe communique pas au retrayant.

Arrêt du 2. de Janvier 1629. rapporté par Duperier tom. 2. pag. 451. Autre Arrêt rapporté par Bonnet pag. 265. De-Cormis tom. 2. col. 1128. & 1689.

LXXII.

Le Seigneur ayant promis la remife du Lods, doit l'accorder à proportion, dans le cas où l'Acheteur n'acquiert qu'une partie du fonds.

Arrêt rapporté par Mr. de Bezieux liv. 4. ch. 7. §. 53.

LXXIII.

Malgré la remife gratuite du Lods accordée par le Seigneur, l'Acquereur eft obligé de le payer au Fermier des Droits-Seigneuriaux, fans aucun recours, ou garantie contre le Seigneur.

Arrêt du 26. de Juin 1687. rapporté par Boniface tom. 4. liv. 2. tit. 1. ch. 17.

LXXIV.

Si le Lods eft dû folidairement à un ou plufieurs Coffeigneurs, par la rénonciation que l'un d'eux fait, fa portion appartient aux autres par droit d'accroître, à moins qu'il n'ait déclaré en faire la remise en faveur de l'Acquereur.

Duperier tom. 2. pag. 84. n. 398.

LXXV.

Quand on détrait fur le fonds pris en payement par le Créancier colloqué, qui a fon domicille ailleurs la quinte part de la valeur, le Lods n'en eft pas moins dû fur la totalité de la valeur.

Arrêt du 5. de Mars 1629. Mourgues fur les Statuts pag. 97. De-Cormis tom. 1. col. 962.

LXXVI.

Si le Seigneur vend feulement quelques biens roturiers, le Lods eft dû au Fermier des Droits-Seigneuriaux, mais fi dans la vente eft comprife quelque portion de la jurifdiction, le Lods entier eft dû au Roi.

Julien collect. manufc. *in v^e. locatio cap.* 3. §. 1. lett. m.

LXXVII.

Le Ceffionnaire du Créancier d'une Communauté qui paye fes dettes par un mépartement, eft exempt du Lods, pour la collocation, ou Bail en payement comme l'auroit été fon Cédant.

Les Arrêts du Conseil ont accordé cette exemption en faveur des Communautés, parce que la valeur des biens qu'elles donnent en payement, seroit diminuée d'autant, si le Créancier étoit obligé de payer le Lods.

L'on avoit douté si le Créancier, cédant son droit à un tiers, l'exemption devoit avoir lieu. Les Procureurs du Pays firent à ce sujet des remontrances, & demanderent qu'il fût décidé que les Cessionnaires colloqués ne paye-roient aucun Lods, quoique les Gédans eussent déjà fait leurs options avant la cession, pourvû qu'ils n'eussent pas été eux-mêmes colloqués. Cela fut ainsi ordonné par Ar-rêt du Conseil du 18. d'Août 1644.

La question a été ensuite jugée par une Sentence arbi-trale, renduë par Mrs. Pazeri de Thorame, Pascal & Simeon le 22. de Juin 1743. en faveur de la Communauté de Vence.

LXXVIII.

Le Lods est dû, pour le Bail en payement.

Arrêt du 29. de Juin 1687. rapporté par Boniface tom. 44. liv. 2. tit. 1. ch. 5. De-Cormis tom. 1. col. 931. Les exceptions à cette régle ont été rappellées dans plusieurs des précédens articles.

LXXIX.

Si le Lods n'a pas été payé, lorsque le re-trait lignager est exercé, le Seigneur ne peut le demander qu'au retrayant.

D'Argentré *de laudimiis cap.* 3. Chopin *de morib. parif. lib.* 1. *tit.* 3. n. 8. Maynard liv. 4. ch. 36.

LXXX.

Si le Lods a été payé, le possesseur évincé par le retrayant ne peut en demander le rembourſement qu'à ce même retrayant, qui doit le rendre entièrement, malgré la remiſe que le Seigneur avoit accordée.

D'Argentré *de laudimiis cap.* 3. Maynard. liv. 4. ch. 23. Loüet lett. S. n. 22.

LXXXI.

Le rembourſement du Lods dû au Roi ne peut pas être prétendu par l'Acquereur évincé, qui par ſa qualité en étoit exempt ; & le Lods doit être payé au Roi.

Duperier tom. 2. pag. 43. n. 199. De-Cormis tom. 1. col. 1001. & tom. 2. col. 1600. eſt d'un avis contraire. Mais l'opinion du Duperier eſt conforme à celle de Du-Moulin, & à l'état actuel de la juriſprudence, atteſtée par Ferrières ſur la coutume de Paris tit. 2. art. 78. Livonière trait. *des Fiefs* liv. 3. ch. 6. ſect. 8.

Guiot matier. feod. tom. 3. pag. 534. L'Auteur des notes ſur le traité des droits Seigneuriaux de Boutaric pag. 211. Le privilége eſt ſeulement pour l'exemption, & ne doit pas devenir un privilége d'exaction. L'achat fait par le privilégié étant anéanti par le retrait, comme s'il n'eût jamais exiſté, il ſeroit abſurde de lui faire produire l'effet d'avoir acquis à ce même privilégié le profit du Lods qu'il n'avoit pas payé. Il ne perd que l'occaſion d'avoir réaliſé pour cette fois ſon privilége.

LXXXII.

Si le fonds eſt en partie, franc, & en partie, ſervile ou aſſujetti à une Directe, il faut donner un prix ſéparé à l'une & à l'autre dans l'acte de vente. Autrement, la ventilation ſe fait aux dépens de l'Acheteur.

De-Cormis tom. 1. col. 1052.

LXXXIII.

Le Seigneur qui ufant du droit qu'il a , dans le cas où il y a eu plufieurs mutations , pour lefquelles les Acquereurs n'ont pris aucune inveftiture , d'appliquer le retrait fur une des plus anciennes , ne peut pas demander le Lods , pour les fubféquentes.

Duperier tom. 2, pag. 36, n. 164.

DIFFICULTÉS RESOLUES

SUR LE PAYEMENT DES LODS
dûs au Roi en Provence.

C'eſt ici la conſultation que j'ai citée quelquefois. Elle fut faite en 1683. par huit Avocats à qui Mr. Morand Intendant en Provence remit le Mémoire contenant les queſtions qui paroiſſoient douteuſes. Le jugement fut conforme à la déciſion donnée par ces Avocats. Cependant cette déciſion n'eſt pas toujours également juſte.

PREMIÈRE QUESTION.

S I *lorſque par un contrat de mariage la dot d'une fille eſt conſtituée en deniers, & que néanmoins elle eſt après payée en fonds, le Lods en eſt dû.*

Cette queſtion n'eſt pas ſans difficulté, ceux qui tiennent la négative n'ont point d'autres raiſons, que le payement qu'on fait en fonds de la dot conſtituée en argent *eſt alienatio neceſſaria*, & qu'on conſidére cette aliénation comme une continuation du Domaine qui paſſe du Père à la Fille, & que d'ailleurs le payement de la dot ſoit en deniers, où en fonds eſt conſideré comme une anticipation de ſucceſſion. Mourgues pag. 154. Boniface tom. 1. liv. 3. tit. 4. ſont de ce ſentiment ; & pluſieurs autres.

Ceux de l'opinion contraire ſont Du-Moulin tit. 2. *des cenſ.* §. 2. gloſ. 1. *in verbo (ſaiſine)*

n. 40. Faber *deff.* 55. *cod. de jur. emphit.* &
D'argentré *des droits du Prince* art. 73. qui fait
cette judicieuse différence du fonds baillé en
payement de la dot, lors du contrat, & de
celui baillé en payement quelque tems après le
mariage ; que le Lods est dû au dernier cas &
non pas au premier, & l'on estime que cette
opinion est la plus sûre dans la rigueur du
Droit ; d'autant qu'il est bien vrai que *ab origine*,
la constitution de la dot est nécessaire, parce
que le Père est obligé de doter sa Fille, mais
la manière de faire cette constitution est purement volontaire, & il est libre au Père lorsqu'il marie sa Fille de lui désemparer des fonds,
où dotaux sans estimation, ou les estimer, &
les assigner par le contrat en payement de la
somme constituée en dot ; étant certain qu'en
l'un & en l'autre de ces deux cas, il n'est point
dû de droit de Lods. Mais lorsque la constitution de la dot est en deniers, & que dans la
suite le Père la paye en fonds, pour lors l'on
ne peut pas dire que ce soit une aliénation
nécessaire que le Père fait de son fonds ; c'est
un acte d'insolutondation volontaire qu'il passe
avec son Beau-fils, qui est reputé étranger ;
car il est si vrai que ces biens ne sont jamais
dotaux, que la femme en repétant sa dot à
droit d'agir sur tous les autres biens de son
mari & ceux qu'icelui a pris en insolutondation
ne sont que subsidiairement dotaux.

Il semble pourtant qu'on pourroit trouver un

milieu, pour faire ceſſer toutes ces difficultés ; en ſéparant du prix des fonds donnés en inſolutondation pour la dot de la Fille, ce qui compéteroit à icelle pour le droit de ſa légitime. Car il eſt toujours vrai de dire, quelques raiſonnemens que faſſent les Docteurs ſur cette matière, que de quelle manière que la Fille ſoit payée de ſa légitime la médiation du mari n'en change pas la nature. De ſorte que quoique par la rigueur du droit, le Lods ſoit dû d'une pareille inſolutondaticn, néanmoins pur équité il ſemble qu'on pourroit n'adjuger le payement du Lods que de ce qui excéderoit la légitime de la femme.

Auſſi l'uſage eſt contraire, & nous ne ſomme pas en coutume de payer aucun Lods de ſemblables aliénations. Cet uſage qui fait une Loi eſt d'autant plus aſſûré dans cette Province que la plûpart de ceux qui ſoutiennent que le Lods n'eſt pas dû ſont des Docteurs même de la Province ; car le dernier Compilateur des Arrêts & le Commentateur des Statuts dans les endroits qu'on a cités, Mr. de S. Jean déciſ. 20. l'aſſûrent tous comme une maxime inconteſtable. De ſorte qu'il feroit dangereux de vouloir détruire cet uſage qui d'ailleurs eſt fort favorable pour le peuple, & il n'y a pas lieu de craindre qu'on voulut y brêcher pour adjuger en ce cas le Lods au Roi ; car comme cela préjugeroit par la même raiſon qu'ils ſont dûs aux Seigneurs, ce feroit toujours violer la coutume.

Quant à la conſtitution de la dot en immeubles, il y a une Déclaration de Louis XII. pour la Provence. Je vais en rapporter la teneur.

J'obſerve ſur la ſeconde queſtion que l'uſage atteſté par les Avocats n'eſt pas particulier à la Provence. Il forme aujourd'hui un droit commun. *Lorſque les Pères & Mères, dit Livonière trait. des Fiefs liv. 3. ch. 5. ſect. 2. ayant promis une dot à leurs enfans payable en deniers, leur donnent enſuite des héritages pour demeurer quittes de la dot promiſe, il n'eſt point dû de Lods & vente ; c'eſt comme ſi les Pères & Mères avoient donné d'abord l'héritage en dot & en avancement d'hoirie, car la choſe revient au même cas, & ne doit pas produire d'autres effets.*

DECLARATION DU ROI.

LOUIS par la Grace de Dieu, Roi de France, Comte de Provence, Forcalquer, & Terres adjacentes, à nos Aines & feaux Conſeilles, les Gens tenans ou qui tiendront notre Cour de Parlement réſidant à Aix Salut, & dilection. Les Sindics & Procureurs de notre Païs de Provence, nous ont humblement fait expoſer que, comme ainſi ſoit, que de tout tems & ancienneté l'on ait accoutumé donner & aſſigner dot aux Femmes & Filles, qui ſont mariées audit Païs de Provence, & à icelles aucune fois, & afin que ledit mariage puiſſe mieux ſortir ſon effet, l'on baille pour leurdits dots & leurs mariages maiſons & autres héritages, ſans que pour raiſon de ce l'on ait aucunement accoutumé payer deſdites maiſons & héritages ainſi baillés, aucun droits de Lods à aucun Seigneur Direct, ni autrement en quelque manière que ce ſoit, toute-fois, ce nonobſtant, nos Amés & feaux Conſeillers les Maîtres Rationaux de notre Chambre & Archives d'Aix, puis certains tems en çà, de leur autorité privée ont voulû contraindre tous & un chacun ceux à qui ont été baillées en dot & aſſignat de leurs mariages aucune maiſon & héritage, à payer le Lods & autres droits, tout ainſi que s'ils les avoient acquis d'aucun étranger directement venant contre les Statuts & anciennes coutumes obſervées en notre Païs de Provence, au très-grand Grief, préjudice, & dommage des Manans & Habitans

du Païs de Provence ; & plus pourroit être , fi par nous
n'étoit fur ce pourvû de notre rémede de juftice convenable , en nous humblement requerant icelui. Pour ce eft-il
que nous , cet chofes confiderées , défirant de tout notre
pouvoir entretenir & garder nos fujets en leurs liberté droits
& facultés & leur fubvenir , felon l'exigence de cas ,
vous mandons , & pour ce que les parties font de votre
pouvoir , & reffort & jurifdiction , & que de ce , la con-
noiffance vous appartient , enjoignons que , appellés ceux
qui pour ce feront à appeller , s'il vous apert que des maifons ou autres héritages donnés ou affignés en dot aux
Femmes & Filles qui fe marient en notredit Païs de Provence l'on n'ait accoutumé payer aucun Lods , ventes , ni
autres droits ; que nofdit Confeillers les Maîtres Rationaux
ayant puis certain tems en çà , nouvellement de leur autorité privée , & fans caufe voulû contraindre lefdits Manans & Habitans de notredit Païs de Provence à payer
Lods & ventes defdits biens maifons & héritages qui leur
font conftitués & affignés en dot de mariage ; Vous , audit cas , faités , ou faités faire expreffes inhibitions & défenfes de par nous fur grande peine à nous à appliquer
auxdits Maîtres Rationaux de notredit Chambre d'Aix &
autres qu'il appartiendra , & dont de la partie des Sup-
pliant au nom qu'ils procédent , ferés requis , que d'hors
en avant ils n'ayant a prendre , ni exiger fur lefdits Manans & Habitans de notredit Païs de Provence , aucuns
droits de Lods ou vente pour raifon des maifons & héritages baillés & affignés en conftitution de mariage , ains
laiffent iceux Manans & Habitans ae notredit Païs de Provence jouïr & ufer de l'ancienne liberté & prérogatives ,
tout ainfi qu'ils ont accoutumé faire , pourvu toute-fois
que ce ne fut par notre Ordonnance & Commandement,
en contraignant à ce faire fouffrir tous ceux qu'il appartiendra & qui pour ce feront a contraindre par toutes voyes
& manières dûes & raifonnables , & en tel cas requifes &
furtout aux parties icelles oüies faités & adminiftrés rémede & Juftice. Car ainfi nous plait être fait nonobftant
quelconques Lettres fubfeptices , à ce contraires. Donné
à Grenoble le 16e. jour d'Avril , l'an de grace 1509.
& de notre Regne le 12e. après paques par le Roi Comte
de Provence à la Rélation du Confeil , *Signe* GARBOT.

SECONDE

SECONDE QUESTION.

Si lorſque le Père aſſiſtant au mariage de ſon Fils, reçoit les deniers de ſa Belle-fille, & qu'enſuite après la conſommation du mariage arrivant inſuport, il déſempare des fonds à ſon Fils en payement, où que les uns ou les autres ſe colloquent pour la reſtitution de la dot, les Lods en ſont dûs.

En tous les cas de cette Queſtion le Lods eſt dû inconteſtablement, parce que ces ſortes d'aliénations ne peuvent pas paſſer pour une continuation de Domaine, puiſqu'elles ſon faites en payement d'une dette étrangère. Par la même raiſon on ne peut pas dire que ſemblables aliénations ſoient néceſſaires & faites en anticipation de ſucceſſion ou gratuitement, & on ne peut leur donner d'autre nom que celui d'inſolutondation ou de collocation faite pour une dette conçûë par le Beau-père en faveur de ſa Belle-fille, qui ſont des cas auxquels on ne peut pas éviter de payer le droit de Lods.

Dans le premier de ces cas, c'eſt-à-dire, lorſque le Père en payement de la dot de ſa Belle-fille déſempare des fonds à ſon Fils, il eſt, au moins, très-douteux que le Lods ſoit dû, quoique les Avocats conſultés décident qu'il l'eſt inconteſtablement. Le Fils eſt chargé moyennant cette déſemparation de payer la dette que le Père avoit contractée en recevant la dot en argent de ſa Belle-fille. Or il eſt établi, que lorſqu'un Père donne un héritage à ſon Fils pour demeurer quitte de ce qu'il lui doit, ou à la charge de payer des dettes qu'il lui délégue, cela doit toujours paſſer pour avancement d'Hoirie, pour accommodement de famille. Livonière trait. *des Fiefs* liv. 3. ch. 5. ſect. 2. Voyez la déciſion ſur la queſtion ſuivante.

P

TROISIÉME QUESTION.

Si le Père défempare de fes biens à fes En-
fans à des conditions onéreufes comme de payer
à fa décharge , de fes dettes paffives pour la
valeur des biens défemparés , le Lods en eft dû.

Il femble qu'il faut faire différence des biens
donnés que le Père défempare à fon Fils à la
charge de payer quelque dette paffive , de ceux
qu'il lui remet à la charge de payer quelques
Créanciers , & qu'il lui remet fimplement fans
donation. Au premier cas , il n'eft point dû
de droit de Lods de cette défemparation qui
eft fondée fur la donation , quoique faite par
ce moyen à titre onéreux. On le voit ainfi décidé dans le Journal des Audiances liv. 2.
chap. 78.

Mais il femble que dans l'autre cas , le Lods
eft dû , parce que la défemparation n'eft pas
faite à titre gratuit ni fucceffif , & elle ne peut
paffer alors que pour une pure vente que le
Père fait à fon Fils à la charge de payer quelque fomme à fes Créanciers , ce qui eft la même chofe que fi pour le payement de ces fommes , le Père avoit baillé en infolutundation à
fes Créanciers les fonds qu'il défempare à fon
Fils à la charge de les payer. Néanmoins la
véritable maxime eft qu'il n'eft dû aucun Lods,
parce qu'il ne peut jamais être prétendû des
biens que le Fils reçoit de la main du Père ,

five in anticipationem fucceffionis , five jure crediti.

QUATRIÉME QUESTION.

Si le Fils Ceffionnaire des Créanciers de fon Père fe colloque pour les fommes cédées fur les biens de fon Père, le Lods en eft dû.

Il faut faire différence en cette queftion, car fi le Fils émancipé pendant la vie de fon Père, ayant droit des Créanciers d'icelui en vertu de la ceffion des droits qu'il en rapporte, fe colloque fur les biens de fon Père pour les fommes cédées, il eft certain que le Lods de cette collocation eft dû, parce que le Fils ne l'a fait qu'en qualité de Ceffionnaire des Créanciers de fon Père, & il ne peut pas avoir plus de droit en cette qualité que les Créanciers cédants en auroient, s'ils fe fuffent colloqués eux-mêmes, fuivant la maxime vulgaire, *nemo plus juris in alium transferre poteft quàm ipfe habet.*

Mais fi après la mort du Père, le Fils qui prend l'héritage par inventaire, fe colloque fur les biens de l'héritage de fon Père, comme Ceffionnaire des Créanciers d'icelui ; parce qu'alors le Fils, *non acquirit de novo dominium,* & que c'eft plûtòt en ce cas une feparation qu'il fait de fes droits, qu'une collocation véritable, le Lods n'eft pas dû ; car la qualité de Fils & Héritier le met dans tous les droits

du Père , & comme le Père pouvoit se libé-
rer pendant sa vie , le Fils après sa mort a le
même droit.

De-là vient que cette différence qu'on pro-
pose des Créanciers érrangers de ceux de la Famille , est inutile, puisque si au cas qu'on vient
de dire , le Fils Cessionnaire des Créanciers
étrangers , ne doit point de Lods des collocations qu'il a faites en cette qualité sur les biens
de l'héritage de son Père , à plus forte raison
en doit-il être déchargé , quand il est Cessionnaire des Créanciers domestiques ; ce qui est
encore plus favorable.

CINQUIÉME QUESTION.

*Si un Héritier testamentaire en payement
d'un legs en argent désempare des fonds au
Légataire , auquel ledit legs tient lieu de légitime , & que ces fonds ne soient pas de l'héritage même , le Lods en peut être valablement demandé.*

Il n'est point dû de droit de Lods de l'a-
liénation d'un fonds en faveur d'un Légataire
en payement du legs qui lui tient lieu de légitime. Car quoique le legs soit d'une somme en deniers , l'Héritier a toujours droit d'o-
bliger les Légitimaires de prendre des fonds
pour leur payement suivant l'état de l'héritage ;
ces sortes de Bail en payement sont des aliénations nécessaires faites à titre successif, des-

quelles le Lods ne peut pas être prétendû ,
comme ont remarqué les interprêtes fur la Loì ,
& ideò cod. de condict. indeb. ; mais la difficulté eſt ſi , lorſque les fonds inſolutundonnés
ne ſont pas des fonds propres de l'héritage ſur
lequel les Légataires ont à prétendre leur légitime , & il ſemble qu'alors le Lods en eſt dû.
D'autant que cela eſt véritablement une inſolutundation des biens non ſujets au payement du
legs ; ce qui fait ceſſer toutes les raiſons de la
première déciſion. Néanmoins comme l'Héritier confond par cette qualité les biens de la
ſucceſſion , avec les biens propres , on eſtime
qu'il n'eſt auſſi point dû de Lods en ce cas ,
parce que comme dit Mr. de St. Jean deciſ.
20. *Filii nullum pro legitimâ laudimium de-
bent.*

La dernière partie de cette reponſe ou déciſion renferme une erreur condamnée par un Arrêt que les Avocats
conſultés , ignoroient ſans doute. Il eſt rapporté par Duperier tom. 2. pag. 452. , ſous la datte du 18. d'Octobre
1634. , & il jugea que le Lods étoit dû , lorſqu'en payement d'un legs qui tient lieu de légitime , l'Héritier déſempare des fonds qui n'appartenoient pas à la ſucceſſion
débitrice de la légitime. Telle eſt auſſi la juriſprudence
du Parlement de Touloufe. Catelan liv. 3. ch. 20.

SIXIÉME QUESTION.

*Si le legs étant fait en faveur d'un Etranger de
la Famille , auquel il ne peut tenir lieu de légitime , le Lods eſt dû des biens donnés en payement ,
ſoit que les biens ſoient de l'héritage ou non.*

Ou le légs eſt ſpécifiquement d'un fonds ; ou il eſt d'une ſomme en deniers que l'Héritier paye enſuite en fonds. Au premier cas le Lods n'eſt pas dû, à moins que le Légataire ne ſoit chargé de rendre ou de payer à la décharge de l'Héritier, car alors le Lods eſt dû juſques à la concurrence du capital exprimé par le teſtament ; comme il fut jugé par Arrêt d'Audiance du 30. Avril 1637. entre François Pioulle, & l'Œconôme du Monaſtère de Ste. Claire de cette Ville.

Mais lorſque le legs d'une ſomme eſt payé dans la ſuite par l'inſolutundation d'un fonds, ou par collocation le Lods eſt dû, ſoit que le fonds ſoit de l'héritage ou non, ſuivant les mêmes autorités qu'on a rapportées ci-deſſus ſur la première queſtion, & il a été jugé par Arrêt de la Cour du 19. Novembre 1626. en faveur de l'Œconôme du Monaſtère St. Barthelemi de cette Ville, contre le ſieur de Collet & Marguerite de Guiran mariés.

Voyez ci-deſſus n. XXVI.

SEPTIÉME QUESTION.

Si les Héritiers d'une Femme, ſoit ſes Enfans, ou ſes Parens, continuent à joüir de la ſuſpenſion ou du payement des droits de Lods de la collocation qu'elle a faite de ſon vivant ſur les biens de ſon Mari pour répétition de ſa dot, & avantages nuptiaux.

Il faut faire différence pour résoudre cette question, si la Femme instituë Héritiers ses Enfans, comme l'institution n'empêche pas que le Père continuë à joüir de l'usufruit de la dot, *jure patriæ potestatis*, la suspension du paye-ment du Lods continuë jusqu'après la mort du Mari, parce que la collocation faite par la Femme *Marito vergente*, n'est que pour assû-rance de la dot ; & cette collocation n'ayant effet qu'après la mort du Mari, c'est pour lors seu-lement que le Lods est dû, parce que ce n'est qu'en ce tems que la Femme reprend sa dot. Ainsi comme ce n'est qu'après la mort de leur Père que les Enfans peuvent prendre & joüir de la dot de leur Mère, par la même raison la suspension du payement du Lods de la collocation d'icelle dure jusqu'après la mort du Mari.

Il n'en est pas de même, quand la Femme instituë d'autres Parens, & que le Mari est obligé de remettre, après la mort d'icelle la dot aux Héritiers institués, car alors la joüis-sance du Mari cessant, & le cas de la désem-paration de la collocation arrivant par ce moyen, il est certain que la suspension du Lods cesse.

HUITIÉME QUESTION.

Si les Enfans se colloquent pour les droits de leur Mère après sa mort sur les biens de leur Père vivant, & joüissant des fonds des

biens pris en collocation, il y a lieu à la demande du Lods, ou s'il ne peut être demandé qu'après la mort du Père à l'instar de sa
Femme colloquée sur lesdits biens.

Cette question est sans difficulté suivant notre usage ; étant certain que par la collocation
faite par le Fils sur les biens de son Père pour
la dot de sa Mère , il n'est dû aucun Lods ,
& généralement lorsque le Fils prend les biens
de la main du Père immédiatement *sive per
liberalitatem*, en anticipation d'hoirie, *sive jure crediti* ; & cela est suivant la jurisprudence
des Arrêts de la Cour.

Il en est autrement quand le Fils reprend la
dot de sa Mère qui s'étoit colloquée *Marito
vergente* , car le Lods ne se paye que de la
première collocation , aussi en ce cas le Fils ne
prend les biens immédiatement de la main du
Père , mais bien *mediante Matre* , qui s'étoit
déjà colloquée pour le Lods.

NEUVIÉME QUESTION.

*Si une Femme s'étant colloquée pour sa dot
sur les biens de son Mari , pour laquelle collocation il n'est point dû de Lods de son vivant,
elle vend après , ou dispose des mêmes biens,
le Lods ne peut pas être prétendû de la collocation , nonobstant que le Mari soit encore
vivant.*

Ce cas est extraordinaire , & on voit rare-

ment de ces fortes d'aliénations, puifque la collocation de la Femme faite fur les biens de
fon Mari, ne lui donne pas la liberté de les
aliéner, ni d'en difpofer qu'après la mort,
parce que le Mari conferve toujours l'ufufruit
pendant la vie de fa Femme ; ainfi fi pour des
caufes extraordinaires elle étoit obligée d'aliéner des fonds de fa collocation, le Lods feroit inconteftablement dû de cette aliénation.
Mais on eftime que la fufpenfion du payement
du Lods de la collocation de la Femme continuë, tant que le Mari a droit de joüir de
l'ufufruit de cette collocation. De forte qu'à
moins qu'il ne fe faffe une entière aliénation
du fonds de cette collocation, il eft toujours
vrai de dire que l'ufufruit dû au Mari, con-
tinuant, ce qui eft la raifon principale pour
laquelle le payement du droit de Lods eft fuf-
pendû jufques après la mort d'icelui, cette
fufpenfion doit durer jufques à ce que l'ufufruit
en foit perdû pour le Mari.

DIXIÉME QUESTION.

*Si un Acquereur de bonne foi eft depoffedé
des biens par lui acquis par une collocation
poftérieure d'un Créancier de fon Vendeur pour
une dette privilègiée, & que cet Acquereur
veüille retenir les mêmes biens par droit d'offrir, les Lods font dûs tant de la collocation, que de la retention par le droit d'offrir,*

ou s'il n'en est dû qu'un seul , & lequel de ces deux ne lui est pas sujet.

Suivant notre usage , il n'est dû en ce cas que le Lods de la première vente qui est restitué à l'Acheteur, par le Créancier qui l'évince ; mais pour la collocation faite par ce dernier, il n'en est dû aucun parce qu'à son égard *est alienatio necessaria* , contre le sentiment de Du-Moulin tit. 7. §. 33. glos. 1. *in verb. droit de rélief* n. 62. , & de Loiseau du déguerpissement liv. 6. chap. 7. n. 17. qui distingue l'esviction de la part du Seigneur de celle qui vient d'un Créancier. Mais parmi nous , il n'est point dû en l'un ni en l'autre cas , & notre usage est confirmé par Mr. de Clappiers , & par Mr. Duperier en ses quest. liv. 4. quest. 19.

Il est encore moins dû pour la retention que fait le Possesseur du fonds pour le droit d'offrir , car outre qu'en ce cas l'aliénation seroit aussi nécessaire , d'ailleurs si le Possesseur se maintient dans son fonds , en offrant au Créancier ce qui lui est dû , il est certain qu'il n'y a aucun transport de domaine , & par ainsi qu'il n'est dû aucun droit de Lods.

ONZIÉME QUESTION.

Si lors qu'on prend en collocatiou des biens pour le payemeut d'un Legs , légitime, droits successifs , où autres dettes privilégiées on se colloque aussi pour frais & arrerages provenus

*desdits biens on peut demander le Lods des som-
mes, auxquelles reviennent les frais & arrerages.*

Mr. le Préfident de S. Jean dans fa décif.
20. traite cette queftion & refout que pour les
frais, les arrerages, ou dépens faits pour le payement d'une dette privilégiée, comme eft la légitime il n'eft dû aucun droit de Lods, par
cette raifon fenfible que n'étant point dû de
Lods pour le payement de la dette principale
fuivant la régle vulgaire *accefforium fequitur
naturam principalis*, & le même Auteur rapporte l'Arrêt rendû au rapport de Mr. de Fo-
refta le 3. Avril 1588. auffi on n'y fait point
de difficulté, & c'eft une maxime certaine dans
cette Province.

DOUZIÉME QUESTION.

*Si la proprieté d'un fonds étant venduë fé-
parée de l'ufufruit le Lods eft dû de cette vente.*

Le Lods de telle vente eft dû inconteftablement, & cela eft fi certain que les Docteurs
ont difputé fur ce fujet fi le Lods étoit dû dès
le contrat, où s'il falloit attendre la fin de l'u-
fufruit, parce qu'il femble que c'eft de ce tems-
là que l'Acheteur entre véritablement dans la
poffeffion de la chofe vendûe, & que ce n'eft
qu'alors que s'eft fait la véritable tradition, qui
fait la perfection & l'accompliffement du contrat de vente ; car il femble qu'on ne peut pas

dire véritablement jusqu'alors qu'il y ait aucun transport. Néanmoins la plus commune opinion est que le Lods est dû dès le contrat par l'Acheteur ; Du-Moulin sur les coutumes de Paris tit. *des Fiefs* §. 33. glof. *in verbo droit de relief* n. 155. le décide en ces termes. *Imò ex quo acceptanit tanquam fundum, & nihilo minus convenit quod cedenti remaneat ufusfruĉtus ex nunc ufque ad ejus obitum cenfetur in fe fufcepiffe onus præfentis relevii ; aliquin cedens non haberet fruĉtus ex nunc & per fingulos annos prout conventum eft*, & l'ufufruit dont l'Acheteur s'eft privé par paĉte exprès n'empêche pas qu'il ne foit au moyen de la vente le véritable Maître & propriétaire du fonds vendû.

TREIZIÉME QUESTION.

Si un particulier vendant les Eaux d'une Fontaine étant en fon fonds à un autre poffédant, un fond voifin auquel paffe par le tranfport toute l'utilité de la fontaine, le Lods en peut être dû.

On ne croit pas qu'en ce cas le Lods puiffe être prétendû, parce qu'il n'y a en cela aucune aliénation du fonds ; & il n'eft pas befoin pour cette vente d'une nouvelle inveftiture ; ce qui eft la feule raifon par laquelle le Lods eft dû ; car cette vente des Eaux d'une Fontaine eft proprement une aliénation d'une Mère faculté, & une impofition de fervitude, & non pas une aliénation du fonds ; *quia aliud funt*

jura prædiorum quam prædia qualiter se ha-
bentia, & bonitas, salubritas, amplitudo L. quid
aliud 86. ff. de verb. signif. C'est la résolution
commune des Docteurs & surtout d'argentré
sur les coutumes de Bretagne art. 59. n. 2. 4. ;
& voici la raison qu'il en donne ; *quia licet*
servitus super fundum fiat & solo hæreat, ta-
men non solum est, nec soli pars ; il rapporte
le sentiment de Du-Moulin tit. 1. §. 55. gloss.
3. n. 2.

QUATORZIÉME QUESTION.

Si Titius promet payer dans un an à Mœ-
vius une certaine somme, & à faute de paye-
ment, désempare dès-lors audit Mœvius cer-
tains fonds designés dans le contrat, sans qu'il
en soit besoin d'autre, le cas de ce payement
arrivant le Lods est acquis de plein droit au
Seigneur féodal sans qu'il soit besoin d'acte
postérieur, quand même le Débiteur continue-
roit la jouïssance de son fonds par le tacite
consentement de sa partie, ou autrement.

Le Lods en ce cas n'est pas dû, parce que
le cas du transport n'est pas arrivé, & si bien
par le contrat le Débiteur promet de désemparer dès-lors, faute de payement, un certain fonds
à son Créancier, néanmoins on ne considére
cette désemparation que comme une assûrance
que prend le Créancier de sa dette. Les termes dont l'acte est conçû ne font pas dès-lors
que ce soit un véritable contrat de vente. Car

on doit confidérer cet acte avec deux conditions
qui l'accompagnent & qui y font inhérentes ; la
première eft le défaut de payement dans le tems
porté par le contrat ; & la feconde eft l'entrée en
la poffeffion du fonds defigné dans le contrat,
fans qu'il foit befoin d'un autre tranfport en faveur du Créancier.

Or pour l'accompliffement de l'acte il faut
que ces deux conditions foient remplies pour
que le Lods foit dû, & dans le cas propofé il
n'y a qu'une des conditions accomplies ; le cas
de la feconde qui eft l'entrée en la poffeffion
du fonds defigné n'étant pas arrivé, il eft certain que par le défaut de cette dernière condition le Lods ne peut pas être prétendû d'un femblable contrat.

QUINZIÉME QUESTION.

*Si lorfque l'on prend un Moulin l'on peut
prétendre l'exemption du Lods pour le prix des
engins.*

Cette queftion eft traitée par Du-Moulin fur
les coutume de Paris tit. 2. *des cenfives* §. 78.
glof. 1. *in verbo acheter à prix d'argent* n. 191 ;
& il fait dépendre le payement du Lods de la
première inféodation ; car fi originairement le
Moulin étoit en état quand le fonds a été baillé
à l'emphitéote par le Seigneur Direct, il n'y
a pas de doute que le Lods eft dû du tranfport que fait l'emphitéote du même Moulin,
fans qu'on puiffe déduire le prix des engins,

parce que comme dit le même Du-Moulin tit.
des Fiefs §. 1. glof. 5. *in verbo le Fief* n. 13.
*prehenfo veniunt omnia accidentia feudo, five
corporalia ; videlicet omnes pertinentiæ & depen-
dentiæ quæ funt de proprietate, vel juribus feudi
quia non féparantur à fuo principali, fed cum
illo unum integrale conftituunt.*

Mais lorfqu'il n'y a que le fonds d'inféodé
& que l'emphitéote y a conftruit un Moulin,
il eft certain qu'en ce cas le Lods ne peut pas
être prétendû du prix des engins du Moulin,
parce qu'outre qu'ils font cenfés mobiliaires,
d'ailleurs la Seigneurie ne s'étend que fur le
fonds baillé en emphitéofe, & fur ce qui n'en
peut pas être féparé, parce que l'emphitéote en
conftruifant un Moulin dans fon fonds *jure fuo
utitur*, & les engins *non funt pars fundi*, fur
lequel le Seigneur à fa Directe établie, & non
fur les engins.

SEIZIÉME QUESTION.

*Si le Lods eft dû de la remife ou reprife
d'un fonds baillé en penfion en vertu du précaire, & de la condition appofée au contrat,
que faute de payement des arrerages dans le
tems y porté, il fera loifible au Vendeur de fe
remettre en poffeffion de fon fonds fans forme
de Procès.*

Cette queftion dans l'hipotéfe qu'elle eft propofée eft hors du cas traité par d'Olive liv. 2.
cap. 17. & qui eft fuivi par plufieurs de nos

Praticiens, & même par la jurifprudence des Arrêts de ce Parlement, car on ne difconvient pas, quand le Vendeur eft obligé de rentrer dans la poffeffion du fonds vendû *ob pretium non folutum*, attendû l'hypotéque particulière qu'il s'eft confervé fur ce même fonds, que le Lods ne foit dû de cette reprife, quand c'eft par autorité de Juftice & avec formalité qu'il reprend fon fonds.

Mais il n'en eft pas de même, quand le propriétaire d'un fonds, qu'il a vendû à penfion reprend le même fonds, faute de payement de la penfion en exécution du pacte oppofé dans le contrat, qu'en défaut de payement de ladite penfion pendant tant d'années il pourra reprendre la poffeffion de fon fonds fans aucune formalité de Juftice ; car alors pourvu que le Vendeur ne faffe aucune formalité, le Lods n'eft pas dû de cette reprife qui n'eft que l'exécution du pacte appofé dans le contrat de vente.

Cette reprife n'a donc pour fondement de la part du Vendeur que le premier contrat de vente dont le Lods a été payé, & de la part de l'Acheteur le défaut de payement de la penfion ne peut paffer que pour un Deguerpiffement du fonds.

Or on n'oferoit foutenir que le Lods puiffe être prétendû d'un Deguerpiffement, car comme dit Loifeau du Deguerpiffement liv. 6. chap. 5. n. 11. le Deguerpiffement n'eft pas un tranfport de la propriété deguerpie, mais feulement

ment une extinction & une résolution du droit de celui qui Deguerpit.

Et quand le Maître de la rente reprend la possession de son fonds ce n'est pas afin que le droit du Rentier lui soit transféré. Mais c'est que le contrat étant resolu & terminé au moyen du Deguerpissement, il rentre *ipso jure* dans son ancinnne proprieté, comme le Donateur après la donation révoquée *ex causa ingratitudinis vel propter superere nientiam liberorum*, qui n'est tenu rentrant dans la possession des biens donnés de payer aucun Lods ; mais néanmoins si la reprise ou remise se fait par autorité de Justice *authore prætore* le Lods en est dû incontestablement.

DIX-SEPTIÈME QUESTION.

Si un tiers Cessionnaire des droits de légitime, ou autres dettes privilégiées, & exemptes du payement des Lods, peut prétendre de jouïr à son égard de la même exemption.

Le Cessionnaire en ce cas ne doit pas le Lods de la simple cession ; mais quand pour l'exécution de l'acte de sa cession, il se colloque & qu'il prend en payement les biens que son cédant auroit pû prendre pour des droits privilégiés, alors le Lods ne peut pas être contesté, & on ne peut pas en ce cas opposer que le Cessionnaire ayant le droit du cédant doit jouïr du même privilége , puisqu'il est personnel. Le Fils, par exemple , qui se colloque sur les biens de son Père pour son droit de légitime ou autrement, ne doit point de Lods *quia non transfertur Dominium*, c'est une continuation de Domaine qui passe du Père au Fils.

Mais quand ce Fils céde ce droit à un étranger, c'est un veritable transport de Domaine, & par ainsi, la raison de l'exemption du Lods cesse ; & même ces sortes de cessions qui ne se font jamais qu'à prix d'argent sont de veritables ventes ; d'où vient que ces sortes de Cessionnaires doivent le Lods comme resout Du-Moulin tit. 2. §. 78. glos. *in verbo dudit héritage* n. 10. On ne peut considérer ce transport que comme une pure vente que le légitimaire fait de son fonds, car celui qui transporte le droit qu'il a sur un fonds est censé transporter le fonds. Duperier dans ses questions liv. 4. ch. 15. est de ce sentiment.

DIX-HUITIÉME QUESTION.

Si un Seigneur de Place, vend ou engage à prix d'argent les Charges & Offices qui dépendent de sa Justice, comme la Judicature & le Greffe ou autres, le Lods en peut être prétendû.

On n'estime pas que le Lods puisse être prétendû de ce sortes de ventes & engagemens, & la raison en est sensible, parce que le Seigneur en ce cas ne fait aucun transport, ni du Fief, ni du Domaine, qu'il tient du Roi ; car pour vendre l'exercice de l'administration de la

Juſtice, il ne vend pas pour cela la Juriſdic-
tion, & il ne diminüe en rien les droits du
Fief; l'exercice & l'adminiſtration de la Juſtice
ne regardant pas ce Fief, puiſque le Seigneur
Haut-Juſticier, quoiqu'il ait la vindicte, ne peut
pas pourtant adminiſtrer la Juſtice lui-même ; &
quand il tire de l'argent de ceux qu'il employe
pour l'exercice d'icelle *utitur tantum jure ſuo.*
Mais il eſt toujours vrai de dire que n'y ayant
aucun tranſport du Fief, le Lods n'en peut pas
être prétendû.

Le ſeul prétexte qu'on pourroit alléguer pour
favoriſer la prétention du Lods ſeroit que par
ces ſortes des ventes le prix du Fief peut être
diminué à proportion en cas de vente. Mais ce
prétexte eſt inutile, car c'eſt une maxime inconteſtable que le Lods n'eſt dû qu'en cas d'a-
liénation de tranſport du fonds & du Domaine,
mais non pas de l'Adminiſtration du même
Fonds & du même Domaine ; car l'emphitéote
pourroit laiſſer en friche une proprieté & la
vendre enſuite en cet état, quoiqu'il l'eut priſe
autrement du Seigneur Direct, ſans que pour la
déterioration le Seigneur put prétendre aucun
droit de Lods.

DIX-NEUVIÉME QUESTION.

*Si le droit de Lods eſt dû pour un tranſ-
port de droits ſucceſſifs, ſans expreſſion particulière de quelle nature ils ſont, eu égard à la
valeur des biens fonciers dont le Ceſſionnaire*

pourroit ſe mettre en poſſeſſion en conſéquence de ce tranſport.

La déciſion de cette queſtion doit dépendre de la qualité du tranſport & de celui en faveur duquel il eſt fait ; car ſi ce tranſport eſt fait à titre gratuit *animo donandi*, il n'eſt point dû de Lods, comme auſſi ſi le tranſport eſt fait en faveur de quelqu'un de la même famille, & que le Domaine paroiſſe continuer de cette manière, le Lods ne peut pas être conteſté parce qu'une telle ceſſion eſt une vente, & un veritable tranſport de Domaine, mais il ne peut être prétendû que des biens, dont le Ceſſionnaire eſt entré en poſſeſſion en vertu de ſa ceſſion.

VINGTIÉME QUESTION.

Si dans l'an du décès la Veuve héritière ou Créancière d'un Vendeur retirant les biens par lui vendûs pour le même prix de la vente, le Lods en eſt dû, tant de la première vente que de la repriſe.

Il y a trois diſtinctions à faire en cette propoſition, la Veuve ne peut reprendre les biens veudûs par ſon Mari pour le prix de la vente que par le droit d'offrir. De cette repriſe, il n'eſt dû aucun Lods, comme il a été dit ci-deſſus, en la queſtion 10.

Le Créancier du Vendeur ne peut avoir que le même droit comme perdant, car ce n'eſt que de cette manière qu'il peut reprendre les biens vendûs de ſon Débiteur, à moins qu'il n'inten-

tât l'action de regrés qui n'eſt pas le cas préſent ; & l'héritier ne peut reprendre les biens
vendûs qu'en force d'un pacte de rachat ; & en
ce cas le Lods n'eſt pas dû du rachat, & on
ne paye que celui de la vente. Mourgues pag.
89. & 90. S. Jean déciſ. 20. Clapiers cauſ. 26.
queſt. 2. ch. 10. le décident ainſi.

VINGT-UNIÉME QUESTION.

*S'il eſt dû Lods de la remiſſion faite par un
Père à ſon Fils des biens par lui acquis à
penſion à la charge de payer ladite Penſion à
qui elle eſt dûe.*

On n'eſtime pas que le Lods ſoit dû d'une
pareille remiſſion, parce qu'il n'y a aucun tranſport du Domaine du Père au Fils, & le payement de la Penſion du fonds dont le Fils ſe
charge ne le ſoumet pas au payement du Lods,
puiſque la Penſion n'eſt pas une retribution que
le Père exige de ſon Fils en ſa faveur ce qui
pourroit faire paſſer cette remiſſion pour une
veritable vente, la ſoumettre par conſéquent
au payement du Lods ; mais la Penſion étant
une charge du Fonds & le Père remettant le
Fonds à ſon Fils, pour en jouïr de la même
manière qu'il le poſſédoit, on ne croit pas que
le Lods puiſſe être prétendû d'une telle remiſſion, il en ſeroit autrement ſi elle étoit faite en
faveur d'un étranger.

VINGT-DEUXIÈME QUESTION.

Si un Curé, Vicaire ou Secondaire pour joüir du Bénéfice de la Déclaration du Roi, qui fixe les portions congruës à 300 liv. & 150. abandonnent ou remettent au Prieur décimateur les biens dépendans de leur Bénéfice, ou autres droits, il est dû Lods de cette remission.

Cette question paroit singulière, & on n'en voit point de semblable dans nos livres. Tout ce qu'on trouve d'approchant, mais qui pourtant ne peut pas bien être appliqué au cas proposé, est dans Henris tom. 1. liv. 3. chap. 2. quest. 13. & chap. 3. quest. 27. Dans le premier endroit, il examine si en mutation des prébendes & bénéfices le Lods entier ou mi-Lods peut être demandé au nouveau Successeur pour les héritages qui en dépendent, & il resout que le demi-Lods est dû, & rapporte des Arrêts du Parlement de Paris.

Dans la 27e. Question il examine, si l'un de descendans du Fondateur obtenant la Chapelle qu'il a fondée doit un demi-Lods, & il resout aussi que le mi-Lods est dû; étant remarquable qu'il n'allègue aucune autre autorité pour appuyer sa décision, que son propre raisonnement.

C'est-là tout ce qu'on trouve de plus approchant au cas proposé, mais qui pourtant n'y peut être appliqué justement, d'autant que la remission que font les Vicaires & Secondaires au Prieur décimateur des biens dépendans de leurs Bénéfices ne peut pas paſſer pour un tranſport de Domaine, mais bien pour un abandonnement, pour un Deguerpiſſement, duquel par conſéquent ou n'eſtime pas que le Lods puiſſe être prétendû.

VINGT-TROISIÉME QUESTION.

Si en payement d'une ſomme conſtituée en mariage il eſt fait déſemparation de biens par le contrat dudit mariage de plus grande valeur que la ſomme conſtituée, avec conſtitution de Penſion ou promeſſe de payer la plus valûe, l'on en peut valablement demander le Lods.

On n'eſtime pas que le Lods en ce cas puiſſe être conteſté pour la plus valûe des biens donnés par le contrat de mariage ; d'autant que cette plus valûe n'eſt pas donnée ; & le Donataire paye le prix au Donateur, au moyen de la Penſion dont il ſe charge ou de la promeſſe qu'il fait de payer la plus valûe ; enſorte que cela ne peut paſſer que pour une véritable vente *eſt vera emptio* & la commune réſolution des Docteurs eſt que *laudimium debetur pro ratione oneris.*

VINGT-QUATRIÉME QUESTION.

Si les Lods ſont dûs des biens déſemparés en conſéquence d'une action de regrés ; & ſi audit cas les Lods qui peuvent avoir été payés de la première acquiſition doivent être reſtitués.

Suivant notre ufage le Lods qui a été payé par le premier acquereur n'eft pas reftitué ; mais auffi on n'eft pas obligé d'en payer un nouveau pour la défemparation du fonds évincé par action de regrés, parce qu'à l'égard du Créancier qui évince & qui intente l'action de regrès l'aliénation du fonds évincé eft néceffaire ; comme on peut voir dans les queftions de Duperier liv. 4. queft. 19. Nous ne fuivons pas en cette Province l'opinion de Du-Moulin fur les coutumes de Paris tit. 1. §: 33. glof. 1. *in verba droit de relief* n. 61 & 62. ni la diftinction de Loifeau liv. 6. ch. 7. n. 17. comme on a déja expliqué dans une des précédentes queftions. Il y a un Arrêt de la Cour en la caufe d'Étienne Giraud contre les Prêcheurs de cette Ville du 7. Mai 1670. qui confirme notre ufage.

VINGT-CINQUIÉME QUESTION.

Si les Lods des Donatious entrevifs à caufe de mort, & des Legs font dûs en Provence, foit que les Donations foient particulières, ou univerfelles & qu'elles foient faites par contrait de mariage ou autrement.

La diftinction propofée dans cette queftion fut faite en 1618. en la caufe de feu Me. Viani, Avocat, contre les Fermiers des Droits Seigneuriaux du lieu de la Tour d'Aigues ; & on ne difconvient pas felon notre ufage que le Lods n'eft pas dû d'une donation univerfelle *quia donatarius eft loco hæredis.* Mais pour la donation particulière le Lods est de droit si elle n'est pas faite *in anticipationem successionis* si l'usage & la coutume ne s'y opposent. Duperier liv. 4. chap. 19. Mais l'usage de cette Province est incertain ; néanmoins la plus commune opinion est que le Lods est dû suivant l'Arrêt ci-dessus rapporté.

Pour ce qui est des Legs faits aux étrangers on a déja traité cette question ci-dessus ; & on a établi la différence qu'il faut faire en cette matière. La même différence doit être faite aux donations contenuës aux contrats de mariage.

Voyez ci-dessus n. **XXIII.** & suiv. jusques au **XXVIII.**

VINGT-SIXIÉME QUESTION.

Un Frère achettant de son Frère les biens tant Nobles que Roturiers, pour 3600 livres, sçavoir les Nobles pour 1200 liv. & les Roturiers pour 2400 liv. dûes à l'Acquereur par le Vendeur pour droit de légitime, & le reste en argent comptant, on demande, quelle somme peut-être dûe pour le Lods des biens Nobles à proportion de ladite somme de 1200 liv. pour laquelle le Lods est dû.

On estime, pour ne se pas embarrasser dans cette question, qu'il doit dépendre de l'Acheteur d'imputer le payement de la légitime sur le fonds Noble, où sur le Roturier ; & qu'en cas qu'il ne déclare pas cette imputation, elle doit être faite de droit *in duriorem* ; c'est-à-dire, que le droit de légitime montant à la même fomme que le prix des biens Roturiers, on doit imputer le prix de ces biens Roturiers au payement du droit de légitime, qui eft toujours exempt du droit de Lods.

Ce choix fuppofé, il eft vifible qu'il n'y a point de Lods à prétendre de toute cette aliénation, car fi le droit de légitime monte autant que le prix des biens Roturiers, il eft certain que le payement de ce droit doit être imputé en faveur de l'Acheteur au prix des biens Roturiers ; & par conféquent les 1200 liv. reftantes pour le prix des biens Nobles ne font fujettes à aucun droit de Lods, pour la nature des biens.

VINGT-SEPTIÉME QUESTION.

Si fuivant lè fentiment des Defpeiffes tom. 3. des droits Seigneuriaux fect. 5. des Lods art. 4. n. 11. les Lods font dûs de la vente de la furface du fond, on les peut prétendre d'une vente; & défrichement des Bois taillis.

Les Docteurs font partagés fur cette queftion. Ceux qui tiennent la négative prétendent que la furface du fond & les Bois taillis font des fruits du fonds, defquels il n'eft point dû de droit de Lods; que les arbres qui font coupés deviennent meubles par leur deftination & que n'étant pas fujets au retrait, ils ne font pas par la même raifon fujets au Lods. Les Sectateurs de cette opinion font Du-Moulin fur les coutumes de Paris tit. 2. *des cenſives* §. 78. gloſ. 1. *in verbo acheté à prix d'argent* n. 191. & pluſieurs autres. D'argentré ſur les coutumes de Bretagne art. 60. fait cette différence des ſuperficies & des arbres qui de leur nature ſont inherents au fonds par la deſtination de ceux qui les poſſédent, c'eſt-à-dire, toutes choſes crûes, iſſûes ou annexées à la terre. Cet Auteur en ce cas reſout que la ſuperficie, & les arbres ſont réputés être du fonds par l'uſage *etiam ſi talia ſubſtantia non ſint juris, tamen interpretatione aut hominum recepto uſu, inter talia habentur.*

Et ſur ce fondement la négative n'eſt ſuivie en cette Province, comme on voit dans le dernier commenteur des Statuts pag. 156 & 157. qui rapporte l'opinion d'Amedée du Pont queſt. 34. & la gloſ. ſur la l. 1. §. *quod autem ff. de ſuperficiebus;* & pour la confirmation de cet uſage il rapporte pluſieurs Arrêts, un du 22. Mars 1619. en faveur de l'Abbé de S. Victor en qualité de Seigneur du lieu d'Auriol contre la Communauté du même lieu, un autre Proviſionel du 22. Décembre 1632. confirmé par Arrêt définitif du 28. Mars 1635. au profit de Me. Honoré Marqueſy, Conſeiller au Siége Général de cette Ville, contre la Communauté du Lieu de Ramatuelle & un autre du 5. Mai 1637. en faveur de Joſeph Chailan, ſieur de Lambruiſſe, contre la Communauté du même lieu.

TITRE III.

DU DROIT D'INDEMNITÉ.

I.

LE droit d'Indemnité est accordé aux Seigneurs pour leur tenir lieu des profits casuels dont ils jouïroient, si les fonds soumis à leur Directe & possedés par Gens de main-morte étoient dans le commerce, & possédés par des particuliers.

Du-Moulin, coutume de Paris art. 51. gloss. 11. n. 68.

II.

Les Gens de main-morte sont les Corps Ecclésiastiques & Séculiers, Chapitres, Monastères, Bénéficiers, Universités, Colléges, Hôpitaux, Confrairies, Œuvres, Communautés d'Habitans, Corps d'Arts & Métiers.

III.

Les lettres d'Amortissement nécessaires aux Gens de main-morte pour pouvoir posseder des immeubles, & que le Roi seul peut accorder, n'opérent vis-à-vis du Seigneur Direct d'autre effet, que celui de le priver du droit de les obliger à vuider leurs mains.

Livonière trait. *des Fiefs*, liv. 1. chap. 4.

I V.

En Provence le droit l'Indemnité eſt fixé à un Lods de 20 en 20 ans, ou à un demi-Lods de 10 en 10 ans, & la main-morte eſt diſpenſée moyenant ce payement de donner l'homme vivant, mourant, & confiſquant.

Duperier tom. 2. pag. 70., 248. Boniface tom. 1. liv. 2. tit. 31. chap. 21., & tom. 4. liv. 2. tit. 2. ch. 1. De-Cormis tom. 1. col. 779.

V.

Le choix pour le payement du Lods, ou pour celui du demi-Lods eſt laiſſé à la main-morte.

La difficulté conſiſte à ſçavoir, ſi après avoir fait le choix elle peut varier. J'ai vû décider, en conſultant, qu'elle ne le pouvoit pas, mais cette déciſion paroit rigoureuſe, & contraire à la Loi 21. §. *ult. ff. de act. empt.* qui décide, que le Débiteur peut varier tous les ans à l'égard d'une obligation annuelle alternative.

V I.

Le droit d'Indemnité doit être payé ſuivant la valeur actuelle des fonds au tems de l'échute.

Arrêt du 27. de Juin 1664. en faveur *de l'Evêque de Marſeille* contre la Communauté du Bauſſet. Arrêt du 16. d'Octobre 1692. en faveur du Seigneur Tholonet contre les Pères de l'Oratoire. Pluſieurs autres Arrêts, & Jugemens rapportés dans le recuëil imprimé par les ſoins des Sindics de la Nobleſſe.

VII.

Les Communautés d'Habitans font foumifes à payer le droit d'Indemnité, non-feulement pour les fonds & Domaines qu'elles poffédent, mais encore pour tous les édifices publics à l'exception de la Paroiffe, & du Terrain qui fert d'emplacement pour le Cimétière.

Il y a plufieurs Arrêts & Jugemens qui contiennent le détail de ces fortes d'édifices foumis au payement du droit d'Indemnité. La Communauté de la Garde a prétendu en dernier lieu que la Maifon que les Communautés font obligés de fournir au Curé devoit être exceptée, comme étant un acceffoire, & une dépendance de la Paroiffe, ou du moins qu'il n'y avoit que le fol fur lequel eft conftruite la maifon qui doive être foumis au payement du droit d'Indemnité. Dans les défenfes qu'on lui a oppofées, l'on a cité plufieurs Arrêts comme condamnant cette diftinction l'un rendu en 1559. en faveur du Seigneur de Pierre-Rüe, un autre en 1590. en faveur du Seigneur de Vauvenargues, un troifième en 1612. pour le Seigneur de Château-Arnoux, enfin un quatrième en 1753. pour le Seigneur de Pontis.

VIII.

Il n'y a que les Eglifes Cathédrales, & les Eglifes Parroiffiales qui foient affranchies du payement du droit d'Indemnité.

Duperier tom. 2. pag. 248. rapporte un Arrêt du 3. de Juin 1664. qui jugea que le droit d'Indemnité ne devoit être pris que fur la valeur du fonds, ou fol fur lequel une Eglife ou Chapelle avoit été bâtie aux champs, parce que ce n'étoit pas une place deftinée à bâtir une Maifon, & qu'un particulier n'y eut point fait conftruire d'édifice, n'y ayant point aux environs un tenement pour lequel on eut pût faire bâtir une Grange.

I X.

Le droit d'Indemnité est dû pour les acquisitions faites pour l'utilité publique, & décoration des Villes.

De-Cormis tom. 1. col. 997. Comme ces acquisitions sont par elles-même très dignes de faveur, il eut été à souhaiter que l'on eut demandé un Réglement semblable à celui que les Etats du Languedoc ont obtenu.

Edit du Roi donné à Marly au mois de Février 1723. qui régle l'Indemnité qui sera payée aux Seigneurs pour les biens qui seront pris dans leur Censive pour des ouvrages publics ; enregistré au Parlement de Toulouse le 21. Juillet 1726.

LOUIS par la Grace de Dieu, Roi de France & de Navarre, à tous présens & à venir ; Salut par notre Déclaration du 31. Décembre 1709 ; Nous avons ordonné qu'en payant par les Etats de Languedoc, le Capital des Censives, auxquelles étoient sujettes les Terres qui ont été occupées par le Canal de communication des Mers, au denier 30. lorsque la Directe est unie à la Justice, & au denier 25. lorsque la Directe en est séparée, la Censive desdites Terres & l'Indemnité qui est dûe aux Seigneurs, demeureront éteintes & suprimées ; ce qui seroit pareillement observé pour les Acquisitions qui ont été faites où qui le seront à l'avenir pour les Communautés Séculières, & Régulières, Laïques & Ecclésiastiques ; & quoique au moyen de cette Déclaration Nous nous soyons suffisamment expliqué, pour toutes les autres Acquisitions qui sont faites par les Gens de main-morte pour l'usage du public, & que les Seigneurs ne puissent prétendre autre chose en cette occasion, que ce qu'ils auroient retiré du prix de leurs Directes s'ils les avoient vendûes, ils ont prétendu néanmoins que cette Déclaration ne devoit avoir lieu que pour les Terres qui ont été prises pour le Canal de la Communication des Mers, & les Gens de main-morte ont cru au contraire pouvoir se servir de cette Déclaration pour

les Acquifitions qui ont été faites pour les ufages particuliers ; ce qui étant également contraire à l'équité & à notre
intention, nous avons crû nous devoir expliquer encore fur
cette matière d'une manière qui ne laiffe aucun doute, afin
d'éviter tous procès & différens entre nos Sujets. A ces
caufes & autres confidérations à ce nous mouvans, de l'avis
de notre Confeil & de notre certaine Science, pleine Puif-
fance, & autorité Royale, nous avons par le préfent Edit
perpétuel & irrévocable dit, ftatué, & ordonné, difons,
& ftatuons & ordonnons, voulons & nous plaît que notre
Déclaration au mois de Décembre 1709 foit exécuté felon
fa forme & teneur, tant pour les Terres qui ont été prifes pour la conftruction du Canal de communication des
Mers, que pour la conftruction des Forts, Cazernes,
Murailles, Foffés, Remparts, & autres édifices, qui feront fait pour notre fervice, pour la conftruction des
Eglifes Parroiffiales, Cimétières, Maifons presbitérales,
Places publiques, Hôtels de Ville, Fours, Preffoirs, Moulins, Colléges, Seminaires, & autres Acquifitions, qui
feront faites pour l'ufage du public ou pour l'embeliffement
des Villes ; pour lefquelles en payant aux Seigneurs Directs
le fort principal des Cenfives auxquelles les fonds occupés
font Sujets à raifon du denier 25. fi la Directe eft féparée
de la Juftice, & au denier 30. fi elle y eft jointe, la Directe en demeurera éteinte à perpétuité ; fans que les Sei-
gneurs-Jufticiers ou Directs puiffent prétendre aucun autre
droit à l'avenir fur lefdits fonds, fous quelques prétextes
que ce foit ; nonobftant tous Arrêts, tranfactions, & ufages à ce contraires ; & à l'égard des Acquifitions qui ont
été ou qui feront faites par les Gens de main-morte pour
leurs ufages particuliers, foit pour la conftruction des Maifons Réligieufes, Jardins, Parcs, Enclos, ou pour quelque autre ufage que ce foit qui leur foit particulier, nous
voulons, & ordonnons, qu'il en foit ufé comme auparavant notre Déclaration du 31. Décembre 1709, dans laquelle nous n'avons pas entendu les comprendre. Si donnons
en Mandement à nos Ames & feaux les Gens tenant notre
Cour de Parlement à Touloufe que notre préfent Edit ils
ayant à faire lire, publier, & enregiftrer, & le contenu
en icelui fuivre, & obferver, felon fa forme, & teneur,
nonobftant tous Edits, Déclarations, Arrêts, Réglemens,
ufages, & autres chofes à ce contraires, auxquelles nous
avons dérogé, & dérogeons, par le préfent Edit. Car tel
eft

eſt notre plaiſir, &c. Donné à Marly au mois de Février 1723 & de notre le 7. *Signé* L O U I S, & plus bas par le Roi PHELIPEAUX.

X.

Les Gens de main-morte ne ſont pas ſoumis au droit d'Indemnité pour les biens qu'ils ont reçû du Seigneur, ſoit à titre gratuit, ſoit à titre onéreux, à moins qu'il n'y ait une réſerve expreſſe de ce droit.

Arrêts rapportés par Boniface tom. 1. liv. 2. tit. 31. chap. 20. n. 8.

Cette maxime qui eſt auſſi obſervée dans les autres Provinces, où le droit d'Indemnité conſiſte à la preſtation de l'homme vivant, mourant & confiſquant, ou à une ſomme payable une ſeule fois, eſt fondée ſur cette raiſon, que par le tranſport que le Seigneur fait à la main-morte, il eſt cenſé l'habiliter & la rendre capable de poſſéder.

X I.

L'Acquiſition immédiate de la main du Seigneur le prive du droit d'Indemnité ; mais ſi la main-morte qui a acquis ainſi en franchiſe, aliéne en faveur d'une autre main-morte, celle-ci devient ſoumiſe au payement du droit d'Indemnité.

Arrêt du 30. de Juin 1636. rapporté par Boniface tom. 1. liv. 2. tit. 31. ch. 20. n. 8. Arrêt rendu en 1667. en faveur du Seigneur de Mimet contre les P. P. de l'Oratoire de la Maiſon de Notre-Dame des Anges.

R

XII.

La main-morte dont la poffeffion remonte à un tems antérieur à celui de l'inféodation de la Terre ne peut s'affranchir du payement du droit d'Indemnité qu'en prouvant qu'elle a reçu les biens de la main même du Souverain.

Cette décifion paroit contraire à l'Arrêt rapporté par Boniface tom. 1. liv. 2. tit. 31. chap. 20. ; & c'eft fur la foi de ce même Arrêt que l'on a foutenu plufieurs fois que le droit d'Indemnité n'eft pas dû pour les biens que la main-morte poffedoit avant l'inféodation de la Terre. Cependant le vrai motif de l'Arrêt qui déchargea le Monaftère des Réligieufes de Ste. Claite, de Sifteron, du payement du droit d'Indemnité fut que le Comte de Provence avant l'inféodation de la Terre de Mifon avoit permis à ce Monaftère par des Lettres-Patentes d'y acquerir des biens. L'on a voulu auffi établir une différence entre le cas où le titre primordial prouve que la main-morte avoit acquis ou reçû avant l'inféodation les fonds qu'elle poffède de toute autre main que de celle du Comte de Provence, & le cas ou le titre ne paroit pas. Là on la foumet au payement du droit d'Indemnité ; ici on l'en exempte. Mais pourquoi la difpenfer de rapporter la preuve de l'exemption quelle réclame ? Nos anciens Souverains avoient dans les Terres qu'ils inféoderent les droits qu'ils tranfporterent par l'inféodation ; & s'ils y jouïffoient de la Directe univerfelle, n'étoient-ils pas autorifés à exiger que les Gens des main-morte repréfentâffent le titre qui pouvoit les affranchir du payement du droit d'Indemnité.

XIII.

Le droit d'Indemnité n'eft fujet à la prefcription que par rapport aux arrerages.

De-Cormis tom. 1. col. 782. Arrêts rapportés par Boniface tom. 1. liv. 2. tit. 31. ch. 20. & tom. 4. liv. 2. tit.
3. chap. 1. Ce droit eſt le repréſentatif du Lods qui n'eſt
auſſi ſujet à la preſcription que pour les arrerages.

XIV.

Indépendamment de la preſcription qui commence ſon cours du jour de la denégation. Il
y en a une autre qui a lieu en matière du droit
d'Indemnité. Si le Seigneur Direct donnant l'inveſtiture ou recevant le dénombrement de la
main-morte ne fait aucune proteſtation, ou réſerve du droit d'Indemnité, & laiſſe enſuite
s'écouler 100 ans ſans en former la demande
le droit eſt perdu pour toujours.

Duperier tom. 2. pag. 70. n. 331. Arrêt rendu en 1614.
en faveur de la Communauté de Rognes. Autre Arrêt
en 1636. pour la Communauté de Ginaſſervi. Sentence
arbitrale acquieſcée & rendûe le 3. de Mai 1723. par Mrs.
De-Cormis, & Saurin, Avocats, en faveur de la Communauté de Montauroux.

XV.

Le Bénéficier doit les arrerages du droit
d'Indemnité échus pendant la jouïſſance de ſon
prédéceſſeur.

Arrêt en 1698. en faveur des Réligieuſes Bénédictines
d'Aix, contre Meſſire Natte. Arrêt du 28. de Juin 1723.
en faveur de Mr. le Maréchal Duc de Villars, contre Mre.
Pouyard.
La raiſon de décider eſt, qu'il ne s'agit pas d'une rede-
vence perſonnelle, mais d'une charge qui affecte le fonds
ſur lequel le Seigneur a un Privilége.

R 2

XVI.

Le droit d'Indemnité doit être divifé au *prorata* entre le Bénéficier qui étoit en poffeffion lors de l'échute, & fon prédéceffeur, ou fes héritiers.

Duperier eft d'un fentiment contraire dans fes maximes du Droit tom. 1. pag. 482. & tom. 2. pag. 3 ; mais cette opinion n'eft pas fuivie.

De-Cormis tom. 1. col. 779. où eft rapportée une Sentence arbirrale acquiefcée.

La queftion fut auffi jugée par l'Arrêt rendu en 1698. & cité ci-deffus n. XV.

XVII.

Dans les Baux à ferme de tous droits de Lods & devoirs Seigneuriaux le produit du droit d'Indemnité dû par les Gens de main-morte, eft cenfé avoir été refervé par le Seigneur, s'il n'en eft fait une mention expreffe.

Arrêt du 20. de Mars 1645. en faveur de Mr. l'Evêque de Digne, & rapporté par Boniface tom. 4. liv. 2. tit. 3. chap. 4.

Acte de Notoriété donné par les Avocats.

De-Cormis tom. 1. col. 777. paroit fe rendre avec peine à cette décifion.

XVIII.

Le droit d'Indemnité doit être acquité par la main-morte, même pendant la durée de la jouiffance de l'ufufruitier.

Duperier tom. 2. pag. 54. le décide ainfi ; mais De-Cormis

qui a confondu son observation avec l'opinion de Duperier se détermine à décider que c'est à l'usufruitier à payer le droit d'Indemnité. Il ajoute qu'il y avoit eu un procès sur cette question entre le sieur de Rognes & l'Hôpital la Miséricorde de la Ville de Marseille, *je ne sçais pas*, dit-il, *comment ce procès a été terminé.*

L'Arrêt qui le termina est du 11. de Mars 1647. Il est rapporté dans les collections Mss. de Duperier sans le mot *amortissement*, & il jugea, que c'étoit à la main-morte de payer le droit d'Indemnité pendant la jouïssance de l'usufruitier.

XIX.

Si la main-morte vend à un particulier, cet acquereur doit payer le Lods, mais le Seigneur ne peut pas prétendre, outre ce Lods, le droit d'Indemnité, si le terme est échû précisément lors de la vente, ou le *prorata* s'il n'est pas encore échû.

Julien dans ses collocations Mss. atteste avoir appris que la question avoit été jugée deux fois en faveur du Seigneur, c'est-à-dire, qu'on lui avoit adjugé non seulement le Lods qui est indisputable, mais encore le *porata* du droit d'Indemnité, il ajoute que Duperier n'approuvoit pas cette décision *contrà sentit D. Duperier.* Duperier avoit raison. Le droit d'Indemnité est le représentatif du Lods ; l'on feint que si le fonds n'étoit pas possédé par une main-morte il arriveroit au moins de 20 en 20 ans une mutation qui donneroit ouverture au Lods. De-là il suit que la fiction doit cesser dès qu'il arrive réellement dans les 20 ans une mutation, & le Seigneur ne peut prétendre rien de plus que le Lods.

X X.

Les intérêts du droit d'Indemnité ne sont pas dûs *ex mora*, mais seulement depuis la demande.

Ainsi jugé par la Chambre des Requêtes le 17. de Juin 1727. entre le Seigneur & la Communauté de Colobrières ; & par Arrêt en 1753 entre le Seigneur & la Communauté de Pontis.

Voyez le n. VIII. du titre *du Lods.*

QUESTION.

Proposée aux Avocats qui donnerent en 1683. la Consultation imprimée ci-dessus tit. *du Lods* pag. 50. & suivantes.

Si les Indemnités, ou Lods & demi-Lods de 20 en 20 ans, & de 10 en 10 ans, dûs par les Communautés de main-morte peuvent être valablement demandés en Provence par toute sorte de Communauté Ecclésiastiques, Séculières ou Régulières, & à toute sorte de Bénéficiers possédans Fiefs, Terres & Seigneuries, ou bien en Roture, mouvans de la Directe du Roi, soit qu'ils les possédent avant les Déclarations de 1641. & de 1646. portant un amortissement général & payent décimes, ou non.

On estime que le Lods de 20 en 20 ans & le demi-Lods de 10 en 10 ans qu'on appelle droit d'Indemnité sont dûs incontestablement par toute sorte de Communautés & par toute sorte de Bénéficiers qui possédent des Fiefs, Terres ou Seigneuries, ou biens en Roture mouvans de la Directe du Roi, soit qu'ils les possédent avant les Déclarations de 1646. portant un amortissement général & qu'ils payent des décimes, ou non.

La raifon en eft , que ces Déclarations qui portent un Privilége en faveur de ceux qui poffédent des biens en main-morte *funt ftricti juris* , & ne peuvent pas être étendues ou delà de leur cas ; de forte que ces Déclarations qui portent un amortiffement général ne peuvent produire d'autre effet pour ceux en faveur defquels elles ont été faites que de leur procurer la liberté de jouïr & poffeder des biens contre la prohibition des Ordonnances & les affranchir des taxes des francs Fiefs qui font de droit uniquement attachées à la Souveraineté , & dont la fuppreffion & l'exemption dépend uniquement du Roi.

Mais ces Déclarations qui ne portent qu'un amortiffement général ne peuvent pas opérer une exemption du droit d'Indemnité qui eft un droit établi par l'ufage, & duquel tous les Seigneurs Directs jouïffent comme le Roi.

De-forte que pour pouvoir faire fonds fur ces Déclarations il faudroit néceffairement qu'elles portâffent l'exemption du droit d'Indemnité, au‑trement on ne peut pas prétendre que cette exemption foit comprife dans les termes d'a‑mortiffement général dont ces Déclarations font conçûes, & par ainfi on eftime que le droit d'Indemnité ne peut-être contefté, ni devant, ni après lefdites Déclarations.

TITRE IV.

DU RETRAIT.

I.

LE Retrait & le droit de Prélation, quoique différens par leur origine, font confondus en leur objet, dans leurs effets, & par rapport aux régles qui regiffent l'un & l'autre.

Le droit de Prélation fut établi pour l'Emphitéofe par la Loi 8e. *cod. De jure Emphiteut.* On ne connoiffoit pas encore alors, & même long-tems après les fiefs qui, comme chacun fçait, éprouverent bien des variations avant que d'être fixés dans l'état de Patrimonialité, ou d'héredité. Par forme de dommagement pour les Seigneurs, on introduifit le Lods & le Retrait que l'on emprunta de cette même Loi, & qui leur affûra l'avantage de n'avoir pas en cas de mutation un Vaffal malgré foi, & de réunir le fief fervant au fief dominant.

Voilà donc origine différente, & objet commun ; quant aux effets & aux régles tout eft commun à l'un & à l'autre en Provence. Ainfi je n'en parlerai, plus que fous le nom de Retrait.

II.

Dans les Inféodations & les Baux Emphitéotiques la referve du Retrait eft toujours fous entendûe. Elle y eft inherente, & les claufes générales par lefquelles on permet au Vaffal ou Emphitéote de pouvoir vendre, aliéner, tranfporter, ne donnent aucune atteinte à l'exercice de ce droit.

Mr. de Clappiers cauf. 103. queft. 1. n. 32. Duperier tom. 2. pag. 26. n. 123.

L'Auteur des nottes fur le Traité des droits Seigneuriaux par Boutaric, s'eft trompé lorfqu'il a dit pag. 216. que Mourgues fur les Statuts de Provence, pag- 114. attefte qu'en Provence le Retrait n'a lieu en matière d'emphitéofe, qu'autant qu'il a été expreffément refervé par le bail. Ce n'eft pas là ce que dit Mourgues. L'Auteur des nottes s'eft apparemment arrêté à ces mots *le Retrait n'a lieu en Bail à Emphitéofe.* Mais l'idée de Mourgues eft dévelopée, par ce qui fuit, comme par ce qui précéde ; il décide que l'Acte par lequel on donne à Emphitéofe n'eft pas lui-même fujet au Retrait, foit féodal, foit lignager ; & cela eft exactement vrai. Mais Mourgues eft fi éloigné de foutenir la propofition qu'on lui prête, que tout de fuite, il dit, que par-là le Seigneur Direct n'eft pas privé du Retrait, *pour les tranfports fubféquens.*

Enfin il eft très-certain qu'en Provence la feule nature du Bail Emphitéotique ou cenfuel fuppofe le Retrait acquis, ainfi que le Lods.

Quant aux Fiefs, ils ont tous un Seigneur Suzerain de qui ils relevent, & font foumis au payement du Lods, ou à l'exercice du Retrait. Il n'y a que le Comté de Grignan que l'on a prétendu, peut-être avec raifon, ne devoir au Roi que la bouche & les mains. La queftion eft encore pendante au Confeil.

III.

Le payement du Lods reçu par le Seigneur lui-même opère l'exclufion du Retrait ; mais la feule demande du Lods ne le prive pas du droit de Varier, & de revenir au Retrait.

Droit Commun. Le Seigneur n'a le Lods, & le Retrait que *alternativé* comme dit Ferrières fur la queftion 173. de Gui Pape, l'un exclud néceffairement l'autre. Quant à la variation, j'ai crû dans le confflit d'opinions de voir préférer celle qui m'a paru la plus équitable. Du-Moulin fur la coutum. de Paris §. 21. glof. 1. n. 4. veut qu'après la fimple demande du Lods le Seigneur puiffe Varier, fi on ne lui a pas notifié, ou signifié le contrat de vente ; & que la variation lui soit interdite, s'il a eu cette notification ; & qu'en cas de refus formel, & judiciaire de la part du Vassal, ou Emphitéote, il puisse revenir au Retrait.

Il y a des Arrêts qui ont jugé que la variation est permise lorsque la demande n'a pas été formellement acceptée. L'Auteur des nottes sur le traité des droits Seigneuriaux par Boutaric pag. 222. on fait mention, & observe que la plûpart de ces Arrêts furent déterminés par cette circonstance qu'il n'y avoit point eu de notification expresse du contrat. Enfin cet Auteur ajoute que cette même circonstance est indifférente, & qu'il doit être permis au Seigneur de Varier, même après un Jugement qui lui aura adjugé le Lods, parce qu'il s'agit d'un droit d'opter qui n'est pas fondé sur une stipulation particulière, mais qui descend de la nature de l'obligation même.

Mourgues sur les Statuts pag. 132. examine, si le Retrayant lignager peut se départir du Retrait ; il décide que non, & cite un Arrêt du 19. d'Octobre 1606. mais il n'éclaircit pas, si dans le cas de cet Arrêt, il y avoit eu demande, refus & jugement. Julien dans ses collect. Mss. sous le mot *locatio cap.* 3. §. 1. *lit.* b rapporte un autre Arrêt qui jugea aussi que le Seigneur ne pouvoit pas Varier. Mais cet Arrêt fut rendu dans un cas particulier. Un Créancier avoit été colloqué pour un droit de Lods sur les biens de son Débiteur, en exécution d'un Jugement. La collocation fut cassée ; il voulut alors revenir au Retrait, sous prétexte que la collocation ne subsistant plus il n'avoit pas encore reçu le payement du Lods. Mais le Jugement qui le lui avoit adjugé n'en subsistoit pas moins.

Il me semble que dans le cas même où la notification auroit été faite, le Seigneur doit avoir la liberté d'abandonner le demande qu'il a formée en adjudication du Lods, si elle éprouve un refus & des contradictions de la part du Vassal, ou Emphitéote. Il a alors un prétexte légitime pour revenir au Retrait ; mais après un Jugement, tout est consommé ; *judicium est commune utrique.*

IV.

Le confentement donné par le Seigneur à la vente, ou la vente faite par lui-même en qualité de Procureur, n'opérent pas l'exclufion du Retrait.

Duperier tom. 2. pag. 26. n. 124 & 127. Il faut de la part du Seigneur un Acte abfolument incompatible avec l'exercice du Retrait, & qui fuit purement rélatif à cette même qualité de Seigneur. Or quand il confent à la vente, il peut avoir en vûe d'exercer le Retrait, fi le prix & les conditions du contrat lui conviennent, & lorfqu'il vend le fonds d'autrui en vertu d'une procuration, il n'agit & ne ftipule qu'au nom de celui qui la lui a confiée.

V.

Le payement du Cens reçu par le Seigneur, même pendant plufieurs années, ne le prive pas du Retrait.

Arrêts du 29. de Janvier 1626., du 11. d'Avril 1631. & du 23. de Février 1634. rapportés par Boniface tom. 4. liv. 2. tit. 3. ch. 2. Dans le cas du fecond de ces Arrêts le Cens avoit été payé pendant onze ans. Autre Arrêt en 1674. en faveur du Seigneur de Meirargues cité par Julien dans fes collect. Mff. fous le mot *locatio cap.* 3. §. 1. *tit.* 2.

VI.

Le payement du Lods fait au Fermier ou à l'Agent qui n'a pas un pouvoir fpécial pour le recevoir, ne forme pas un obftacle à l'exercice du Retrait.

Duperier tom. 2. pag. 96. De-Cormis tom. 1. col. 1050. & tom. 2. col. 1687. L'Arrêt du 16. de Mars 1665. rendu entre le Seigneur & la Communauté de Puiloubier, & rapporté par Boniface tom. 1. liv. 3. tit. 3. ch. 3. en condamnant les Habitans & possedans biens au payement des arrerages de Lods depuis 29 ans, laissa l'alternative *si mieux il n'aimoit retenir par droit de Fief & Prélation les biens alienés, & dont il n'auroit pas donné l'investiture, ni retiré le Lods par lui ou ses Procureurs spéciaux.* Ainsi une Procuration générale ne suffit pas. Il faut que le pouvoir d'exiger le Lods soit expressement énoncé.

Quant au Lods reçû par le Fermier ; il y a plusieurs Arrêts, & entr'autres celui qui fut rendu en 1720. en faveur du Marquis de Soliers ; un du 22. de Mars 1722. pour Mr. le Prince de Monaco ; un troisième du 5. de Septembre 1735. rendu par le Parlement de Grenoble dans un procès évoqué, en faveur du sieur de Villeneuve Marquis de Flayosc.

V I I.

La réception à foi & hommage exclud le Retrait.

Elle renferme implicitement l'investiture. De-Cormis tom. 1. col. 1062.

VIII.

L'Acheteur & le Vendeur ne peuvent pas éluder le Retrait, en stipulant que dans le cas où le Seigneur voudroit exercer le Retrait, la vente n'auroit pas lieu. Le pacte est rejetté ; & le Retrait admis.

Duperier tom. 2. pag. 27. n. 134.

I X.

Le Retrait peut être exercé d'abord après

l'acte de vente, quand même la tradition feinte & civile n'y auroit pas été énoncée.

C'eſt par la même raiſon qu'il a été jugé par les Arrêts cités ſous le titre du Lods art. LVII. que malgré le département volontaire de l'Acte, le Lods eſt dû au Seigneur.

X.

Le tems accordé au Seigneur pour l'exercice du Retrait eſt fixé à deux mois, à compter du jour que le Vaſſal ou Emphitéote lui a exhibé ſon contrat d'acquiſition, & fourni l'Extrait & demandé l'inveſtiture. Si cette formalité n'a pas été remplie, le Retrait n'eſt perdu qu'après 30. ans.

De-Cormis tom. 1. col. 1038. & 1059. C'eſt le terme fixé par la Loi 3. *cod. Dejur. emphit.* Il y a des Provinces régies par le droit Romain, où l'on s'eſt conformé à cette Loi pour le Retrait cenuel ou droit de Prélation, & l'on a fixé un délai, ou plus long ou plus court, par rapport au Retrrait féodal.

Je ſuis ſurpris que Paſtour liv. 6. tit. 2. n. 2. ait dit que le tems du Retrait, dans le cas où la vente n'a pas été notifiée au Seigneur, eſt borné à dix ans. Il eſt très-certain que ſa durée a toujours été de 30 ans. Il eſt eſſentiel d'obſerver que ſuivant l'Edit de 1703. concernant les inſinuations, le tems ne court que depuis le jour de l'inſinuation du contrat de vente. Ainſi la ſeule notification ou exhibition ne ſuffiroit pas pour exclurre le Seigneur après deux mois.

XI.

Quelque connoiſſance que le Seigneur ait pû avoir d'ailleurs, & même de la part du Vaſſal, ou Emphitéote, elle ne fupplée pas au défaut de notification.

Mourgues fur les Statuts pag. 128. Duperier tom. 2. pag. 41. n. 185. De-Cormis tom. 1. col. 1038. Tant que le Vaffal, ou Emphitéote n'a pas rempli l'obligation de préfenter au Seigneur fon contrat d'acquifition, & de lui demander l'inveftiture, le Seigneur n'eft pas cenfé avoir été mis en demeure.

XII.

Le Laps de tems, le payement du Lods reçu par le Seigneur, ou par un Procureur fpécial, & l'inveftiture même ne forment pas un obf-tacle au Retrait, lorfqu'il eft juftifié qu'il y a eu dans l'Acte de vente un fur-hauffement de prix.

Cette fraude autoriferoit même le Seigneur à demander que les biens vendus foient confifqués à fon profit par Commis. Voyez les Arrêts cités fous le tit. *Du-Commis* art. 4.

XIII.

L'inveftiture prife à la Chambre des Comptes pour les Fiefs fous la Directe ou Suzeraineté du Roi exclud le Retrait ; mais les Acquereurs ne peuvent être contraints de prendre cette in-veftiture.

De-Cormis tom. 1. col. 1067. 1674. L'Arrêt qui fuit.

Arrêt du Conseil d'État du Roi, concernant les inveſtitures des Fiefs en Provence.

Du 19. Avril 1689.

EXtrait des regîtres du Conseil d'Etat. Sur ce qui a été repréſenté au Roi en ſon Conſeil, que les Officiers de la Chambre des Comptes en Provence, ſous prétexte qu'ils ſont ſeuls en droit de donner les inveſtitures des Fiefs, & les enſaiſinemens des biens Roturiers ſitués dans la Directe de Sa Majeſté en ladite Provence, auroient depuis l'année 1681. introduit l'uſage de faire contraindre tous les particuliers qui auroient acheté des Terres & héritages dans la mouvance de Sa Majeſté, à prendre d'eux des inveſtitures & enſaiſinemens pour leſquels ils auroient exigé de grands droits deſdits Acquereurs, ayant d'ailleurs été obligés de rembourſer aux héritiers tous les frais contre eux faits, en vertu des conſtraintes deſdits Officiers : ſurquoi Sa Majeſté ayant jugé à propos de prendre l'avis du ſieur Lebret Me. des Requêtes, Intendant en ladite Province ; il auroit marqué par ſon avis envoyé au Conſeil le 15. Octobre 1688. qu'attendu que leſdits Officiers auxquels il auroit communiqué cette affaire n'ont repréſenté aucuns titres qui puiſſent établir la prétention qu'ils ont de faire contraindre les Vaſſaux de Sa Majeſté à prendre d'eux des inveſtitures & des enſaiſinemens de leurs Terres & héritages lorſqu'ils ne le veulent pas, parce que ces Actes doivent être libres ; & que d'ailleurs leſdits Vaſſaux ſont toujours ſujets aux droits de Prélation & de retenuë féodale qui appartiennent à Sa Majeſté ſur les Terres & héritages dans ſa Directe, juſques à ce qu'ils ayent pris inveſtiture ou enſaiſinement, ce qui les doit ſuffiſamment exciter à les prendre, il auroit eſtimé qu'il n'y auroit pas lieu de permettre auxdits Officiers de forcer leſdits Acquereurs de ſe faire inveſtir & enſaiſiner : oui le rapport du ſieur le Pelletier, Conſeiller ordinaire au Conſeil Royal, Controlleur-Général des Finances. Le Roi en ſon Conſeil conformément à l'avis dudit ſieur Lebret, a fait très-expreſſes inhibitions & défenſes auxdits Officiers de la Chambre des Comptes de Provence de décerner à l'avenir aucunes contraintes, ni faire aucunes poursuites contre les Particuliers qui ont ci-devant acquis & acquereront ci-après des Terres & héritages sous la Directe de Sa Majesté en ladite Province, pour les obliger à prendre des investitures, & de faire des ensaisinemens des héritages Roturiers qu'ils auront acquis, sauf auxdits acquereurs à prendre en ladite Chambre lesdites investitures & ensaisinemens lorsque bon leur semblera, à condition néanmoins qu'ils seront sujets au droit de Prélation appartenant à Sa Majesté sur lesdits héritages, jusques à ce qu'ils ayent été investis ou ensaisinés par lesdits Officiers. Et ne pourront lesdites investitures ou ensaisinemens être délivrés par lesdits Officiers que du consentement par écrit du Fermier des Domaines, ou quarante jours après que les contrats d'acquisition lui auront été notifiés par les Acquereurs, à peine de nullité, & sera le présent Arrêt lû publié & affiché partout ou besoin sera & enregîtré en ladite Chambre des Comptes, auquel effet toutes lettres nécessaires seront expédiées. Fait au Conseil d'Etat du Roi tenu à Versailles le 19e. jour d'Avril 1689. collocationé. *Signé* COQUILLE.

XIV.

Le Seigneur ne peut pas exiger que ses Vassaux & Emphitéotes l'avertissent par écrit de toutes les ventes & aliénations qu'ils font; ni que les Acquereurs lui donnent pareille connoissance des Actes de vente & aliénations, passés hors du Fief, & reçus par des Notaires étrangers.

Ainsi jugé par Arrêt du 15. d'Avril 1711, rendu entre le Seigneur & la Commanauté de Rougiers par des Commissaires délégués par Arrêt du Conseil.

XV.

Le Seigneur établissant un Procureur pour
recevoir

recevoir le payement du Lods eſt obligé de lui donner un pouvoir ſuffiſant pour accorder l'inveſtiture en même-tems.

Ainſi jugé par le même Arrêt cité ſur le précédent art. Il y eſt ajouté ; *ordonnons audit cas que la procuration ſera faite par Acte public inſeré dans les regîtres d'un Notaire dudit lieu de Rougiers, auquel les Emphitéotes auront recours en cas de beſoin, contenant le nom & ſur-nom dudit Procureur ; & venant ledit Procureur à rece-voir le Lods ſans vouloir donner l'inveſtiture, la quittance dudit Lods vaudra inveſtiture.*

XVI.

Le tems preſcrit pour l'exercice du Retrait ne court pas pendant le procès ſur la validité ou nullité de la vente.

Duperier tom. 2. pag. 41. n. 188. Arrêt rapporté parmi ceux qui avoient été recuëillis par Mr. de Thoron. Autre Arrêt du 15. de Mai 1755.

Ces deux Arrêts intervinrent dans le cas du Retrait ligna-ger. Mais le motif de la déciſion s'applique également au Retrait féodal.

XVII.

Les Pupilles & les Mineurs ne ſont pas reſ-titués envers le laps du tems fixé pour l'exer-cice du Retrait.

Duperier tom. 2. pag. 33. n. 154. Paſtour liv. 6. tit. 5. De-Cormis tom. 2. col. 1707. & 1706. Quànd un Statut ou coutume a introduit un privilége, ou une action, & a fixé le terme de ſa durée, on ne peut en uſer que *ad limites modi, & temporis expreſſi.* Comme dit Du-Moulin ſur la coutume de Paris tit. 1. §. 13. gloſ. 2. n. 3. Il a été rendu plufieurs Arrêts qui ont jugé que les prefcriptions ftatuaires avoient lieu, fans efpoir de reftitution, contre les Mineurs. Bomy fur les Statuts pag. 48.

XVIII.

L'ufufruitier ne peut pas exercer le Retrait. Mais fi le propriétaire en ufe pendant la durée de l'ufufruit il doit payer le Lods à l'ufufruitier.

Le Retrait n'eft pas un fruit, *non eft in fructu.* Voilà l'opinion commune ; cependant il y a des Auteurs qui fou-tiennent que l'ufufruitier peut l'exercer, mais qu'après la fin de l'ufufruit, le propriétaire peut demander la défem-paration du fonds, *refufo pretio*, & en dedommageant l'ufufruitier de la perte du Lods. Paftour lib. 6. tit. 8. n. 2. eft de ce nombre, mais dès qu'on admet pour principe que le Retrait n'eft pas un fruit, il eft plus conféquent & même néceffaire de le laiffer inherant à la propriété, & de ne pas y faire participer le fimple ufufruitier. De-Cormis tom. I. col. 1041. Julien dans fes collections Mff. fous le mot *Locatio.* cap. 3. §: 1. let. p. hefite fur cette queftion, & fe détermine en faveur de l'ufufruitier par une raifon fingulière. Le Retrait, dit-il, peut être cédé, *apud nos*, ainfi il peut être communiqué à un ufufruitier.

Ce n'eft pas feulement en Provence, où nous avons un Statut qui déclare le Retrait ceffible, qu'il l'eft. La ceffion eft admife dans tous les Païs de droit écrit, le Dauphiné, & le Languedoc, exceptés. Mais que conclure de-là ? Il faudroit pour pouvoir adopter la conféquence tirée par cet Auteur, qu'on ne put céder que les fruits, & non pas ce qui eft une dépendance de la propriété. Quand on difpofe de l'ufufruit en faveur de quelqu'un, on n'entend lui communiquer, que le droit de percevoir tout ce qui eft fruit.

XIX.

Le Mari peut exercer le Retrait fur les fonds mouvans d'un Fief ou d'une Directe qui forme ou fait partie de la dot de sa Femme, mais il n'a que le simple usufruit de ces mêmes fonds, & le cas de la restitution de la dot arrivant, il ne peut prétendre que le remboursément du prix emploié au Rerrait.

Duperier tom. 2. pag. 29. n. 139 & 140. Le Mari à l'administration entière, & telle que celle que *donne* la propriété même. Mais il n'exerce le Retrait que *ad causam uxoris :* la Femme ne peut pas désavoüer le Retrait.

De-là il suit aussi que le payement du Lods reçu par le Mari formeroit un obstacle un Retrait. Duperier tom. 2. pag. 43. n. 198. De-Cormis tom. 1. col. 1043.

XX.

L'héritier grevé de substitution peut pendant sa jouïssance exercer le Retrait.

Duperier tom. 2. pag. 30. n. 144. DerCormis tom. 1. col. 1041. Arrêt en 1643. en faveur du sieur des Portes, contre le sieur de Budos. Autre Arrêt du 26e. de Janvier 1576. rapporté dans les Mémoires de Mr. de Thoron, & qui n'adjugea au propriétaire que les biens réunis par l'héritier grevé depuis l'échute du fideicommis.

XXI.

Le droit d'exercer le Retrait peut être cédé par le Seigneur.

Statut de 1456. rapporté par Mourgues pag. 133.
De-Cormis tom. 1. col. 1063. doute que le Cosseigneur soit préférable au Cessionnaire, & panche même pour celuici. Il me semble qu'on ne doit pas hesiter à décider que le Cessionnaire l'emporte. Ce n'est que par une espèce de droit de convenance, *jure congrui*, que l'on accorde le droit au Cosseigneur ; & il ne seroit pas juste qu'à la fa-

veur de ce même droit, il pût rendre inutile la ceſſion dont le Seigneur peut avoir retiré un profit.

XXII.

Le Seigneur exerçant le Retrait eſt préférable au Retrayant lignager, mais le Ceſſionnaire du Retrait féodal ne joüit pas du même avantage, à moins qu'il ne réuniſſe à cette même qualité celle d'acquereur.

Statut de 1472. rapporté par Mourgues pag. 11, C'eſt celui qui a introduit le Retrait lignager, mais il y eſt ajoutté, *ſans préjudice du Seigneur Direct.* Dans les autres Provinces régies le par droit écrit, la même régle eſt établie.

Comme elle eſt principalement fondée ſur la faveur de la réunion du Domaine utile ſorti des mains du Seigneur, au Domaine Direct qu'il a conſervé, on n'a pas crû devoir communiquer cet avantage au ſimple Ceſſionnaire. Mais, par une Juriſprudence, qui n'a jamais varié depuis les deux Arrêts rapportés dans les Mémoires de Mr. de Thoron, & imprimés dans le ſecond Volume des Œuvres de Duperier pag. 388. on a mis une exception à cette même régle. L'Acquereur qui eſt muni de la ceſſion du Retrait féodal, exclut le Retrayant lignager.

Si le Seigneur avoit reçu le payement du Lods, il ne pourroit pas céder le Retrait à l'Acquereur. Cela fut jugé ainſi par un Arrêt du 18. d'Avril 1741. Le droit du Seigneur eſt conſommé par le choix du Lods & il ne peut plus tranſporter par une ceſſion ce même droit dont il s'eſt privé.

XXIII.

Le délai de deux mois fixé pour le Retrait court contre le Ceſſionnaire, quoique le contrat de vente ne lui ait pas été notifié, nì au Seigneur lui-même.

De-Cormis tom. 1. col. 1038. A l'égard de ce Ceffion-
nnire, l'obligation de fe préfenter pour demander l'inveftiture n'a pas lieu, & c'eft cette obligation qui feule im-
pofe la néceffité d'une notification expreffe.

XXIV.

Le Retrait ne peut pas être cédé de nouveau par le Ceffionnaire du Seigneur ; mais il
peut l'être par le Ceffionnaire du Roi.

Arrêt en forme de Réglement du 1. d'Avril 1596. rapporté par Mourgues fur les Statuts pag. 125. Paftour *de
Feudis* lib. 6. tit. 13.

Autre Arrêt du 9. d'Avril 1707. rapporté par De-Cormis
tom. 1. col. 1082. Cet Auteur avoit foutenu l'opinion contraire dans le procès où intervint cet Arrêt. Cette feconde
ceffion cauferoit un préjudice réel au Seigneur, puifqu'elle
lui donneroit à la place de l'Emphitéote dont il auroit fait
choix par la ceffion, celui que le Ceffionnaire auroit lui-
même choifi.

Quant au Ceffionnaire du Roi, il a été jugé par plufieurs Arrêts, ainfi que l'arrettent Mourgues pag. 126.
& De-Cormis tom. 2. col. 1686. qu'il pouvoit céder fon
droit. Décifion fondée fur cette raifon que le Roi voulant
bien ne pas ufer du Retrait, quoiqu'il en eut le droit, il
eft jufte d'accorder au fujet qu'il gratifie de la ceffion,
l'avantage d'être regardé comme exerçant le Retrait directement, & de fon propre chef.

XXV.

Le Ceffionnaire du Retrait appartenant au
Roi, exclud le Retrayant lignager.

De-Cormis tom. 1. col. 1587. Décifion fondée fur le même
motif que la précédente. Mais c'eft une queftion, fi le
fecond Ceffionnaire a le même avantage. De-Cormis *ibid.*
foutient la négative. Boniface tom. 4. lib. 1. tit. 1. ch. 2.
rapporte un Arrêt rendu en 1672. qui paroit avoir jugé

pour l'affirmative. Mais il y avoit deux circonstances particulières. 1°. Le Cessionnaire qui avoit à se défendre contre le Retrayant lignager, soutenoit que le Fermier de qui il avoit rapporté la cession ne devoit pas être regardé comme un premier Cessionnaire, mais comme ayant, en vertu de son Bail, le droit de céder directement le Retrait, ainsi que le Roi lui-même auroit pû le céder. 2°. Ce même Cessionnaire avoit pris la précaution d'obtenir des Lettres-Patentes par lesquelles le Roi confirmoit la cession faite par le Fermier du Domaine.

XXVI.

Le Cessionnaire du Retrait appartenant au Roi ne peut pas l'appliquer seulement sur les biens Nobles. Il doit aussi se charger des biens Roturiers.

Mourgues sur les Statuts pag. 116. De-Cormis tom. 1. col. 1070.

XXVII.

Les Gens de main-morte ne peuvent pas exercer le Retrait ; mais ils peuvent le céder.

Edit du mois d'Août 1749. concernant les établissemens & acquisitions des Gens de main-morte art. 25. *Les Gens de main-morte ne pourront à l'avenir exercer aucune action en Retrait féodal, ou Seigneurial à peine de nullité; à l'effet de quoi nous avons dérogé & dérogeons à toutes Loix, coutumes, ou usages qui pourront être à ce contraires ; sauf auxdits Gens de main-morte à se faire payer les droits qui leur seront dûs, suivant les Loix, coutumes, ou usages des Lieux.*

Il n'y a point de prohibition pour la cession qui n'est pas contraire à l'objet de l'Edit, d'empêcher la multiplication des acquisitions.

XXVIII.

Si parmi plufieurs coproprietaires par indivis de la Directe , un feul veut exercer le Retrait les autres préférant de recevoir le payement du Lods, il le peut , en payant aux autres leur contingent du Lods.

Arrêts du 16. de Septembre 1570. & du 13. d'Août 1609. cités par Bomy fur les Statuts pag. 69.

Duperier tom. 2. pag. 29. n. 141. Paftour *de Feudis lib.* 6. *tit.* 7. Il cite un Arrêt rendu en 1554. N'y auroit-il pas une erreur dans la datte ; & ne feroit-ce pas le même Arrêt qui eft rapporté par Boniface tom. 1. liv. 3. tit. 2. ch. 11. fous la datte de 1654. Celui-ci ne jugea pas cependant la queftion. Mais Boniface fait mention d'un autre fous la datte du 22. de Décembre 1594. De-Cormis tom. 1. col. 1061.

XXIX.

Dans ce même cas, où la Directe eft poffédée par indivis, le Retrait ne peut être exercé par un Coffeigneur, feulement à concurrence de fa Portion qu'autant que l'Acheteur veut bien confentir au cifelement de fon acquifition.

Ainfi l'Acquereur peut contraindre le Retrayant à fe charger de la totalité. C'eft l'opinion commune. De- Cormis tom. 1. col. 1062; & il feroit évidemment injufte de foumettre cet Acquereur à fouffrir la divifion d'un fonds foumis à une Directe , parce qu'il a plû au propriétaire de cette même Directe de la démembrer.

XXX.

L'Acquereur de plufieurs fonds mouvans de différentes Directes ne peut pas forcer un des

Seigneurs Directs qui veut exercer le Retrait à se charger de la totalité ; ce qui a lieu, soit que l'on ait spécifié & distingué le prix de chaque fonds, soit que l'achat ait été fait *unico pretio.*

Mourgues pag. 16. rapporte un Arrêt du 22. de Juin 1618. Paftour *de Feudis lib. 6. tit.* 14. n. Julien dans fes collect. Mff. fous le mot *locatio* §. 1. let. n. De-Cormis tom. 1. col. 1051. 1071. Dans le cas de l'Arrêt dont Mourgues fait menrion les prix avoient été diftingués ; mais cette circonftance eft communément regardée comme indifférente.

XXXI.

Après la vente d'un Fief, ou d'une Directe avec tous fes droits, fans aucune réferve, le Vendeur ne peut plus exercer le Retrait, pour raifon des ventes faites avant ce tranfport. L'Acquereur du Fief ou de la Directe en a feul le droit.

De-Cormis tom. 1. col. 1048, & 1061. où il cite un Arrêt rapporté dans les Mémoires de Mr. de Thoron. Ce même Auteur col. 1036. foutient l'opinion contraire ; *fed malè.* Duperier tom. 2. pag. 72. n. 340.

XXXII.

Le Seigneur exerçant le Retrait peut être foumis à affirmer à ferment, qu'il retient pour foi, & non pour autrui.

Arrêts rapportés par Mourgues fur les Statuts pag. 136. Autre Arrêt du 15. de Décembre 1623. Cet Auteur fait une diſtinction qui paroit judicieuſe, mais dans l'uſage elle n'eſt pas ſuivie. Où c'eſt, dit-il, l'Acquereur lui-même qui veut exiger le ſerment, où c'eſt un Retrayant lignager. L'Acquereur ne doit pas être écouté, parce qu'à ſon égard le ſimple Ceſſionnaire du Seigneur l'excluroit. Ainſi peu lui importe que ce ſoit pour lui-même, ou pour autrui que le Seigneur exerce le Retrait. Mais ſi c'eſt vis-à-vis du Retrayant lignager que le Seigneur réclame la préférence, le ſerment peut être exigé parce que ce Retrayant lignager excluroit le Ceſſionnaire du Seigneur.

Au reſte, ce ſerment eſt preſque illuſoire, car on ne peut pas exiger que le Seigneur jure qu'il exerce le Retrait pour conſerver les biens. Du-Moulin cout. de Paris, §. 20. n. 31. Boutaric trait. *des droits Seigneuriaux* tit. *de la Prélation.*

XXXIII.

Le ſerment doit être prêté par le Seigneur lui-même & ne peut pas l'être par Procureur.

Arrêt du Réglement du 18. de Mars 1638. entre Jean-Jacques de Paris, & la Dame de Bandol. Il fut fait inhibitions & défenſes à tous les Juges du reſſort du Parlement d'admettre à pareil ſerment, ſur une ſimple Procution, à peine d'amende arbitraire, dépens, dommages, & intérêts des parties.

XXXIV.

Dans tous les cas, où il y a ouverture au Retrait, le Lods ſe trouve en concours avec ce droit. Mais le Retrait ne peut pas être exercé dans tous les cas, où le Lods eſt dû.

Ainſi les échanges, les donations particulières, les Legs à concurrence de la charge impoſée au légataire donnent ouverture au Lods & non au Retrait. Mourgues pag. 113, & De-Cormis tom. 1. col. 1004. & 1052. atteſtent la maxime par rapport aux échanges.

XXXV.

Le Bail à emphitéofe eſt affranchi du Retrait. Le Bail à locaterie perpetuelle y eſt ſoumis.

Arrêts rapportés par Mourgues pag. 114. pour le Bail emphitéotique.

À l'égard du Bail à locaterie perpetuelle, la queſtion peut paroitre ſuſceptible de difficultés. Mourgues croit qu'il y a même raiſon de décider que pour le Bail à emphitéoſe ; & l'on croit même communément en Provence que le Retrait ne doit pas être admis. Ce qui peut avoir donné lieu à cette opinion eſt ſans doute l'uſage obſervé dans les autres Provinces, où l'on ne regarde pas ce Bail comme contenant un tranſport ; & l'on n'en adjuge pas le Lods. Il y a même des anciens Arrêts rapportés par Bomy ſur les Statuts pag. 40. & par Duperier, d'après Mr. de Thoron, tom. 2. pag. 378 ; rendus ſur l'hipothéſe du Retrait lignager. Il y en a un du 26. d'Octobre 1618. cité auſſi par Bomy pag. 69. pour l'excluſion du Retrait féodal ou cenſuel.

Mais Mr. de Clapiers cauſ. 103. queſt. uniq. rapporte un Arrêt plus recent qui admet le Retrait féodal. Julien dans ſes collect. Mſſ. ſous le mot *locatio cap.* 3. §. 1. Atteſte qu'en conſultant avec Mrs. Duperier & Peyſſonnel, ils convinrent que le Retrait devoit être admis, *ex indubitato uſu noſtro.*

L'uſage des autres Provinces ne peut pas ſervir de régle à cet égard en Provence, où l'on adjuge le Lods même pour le Bail à locaterie à tems, dès que ſa durée eſt de dix ans où plus. Duperier tom. 1. liv. 4. queſt. 25. prouve parfaitement qu'il n'y a aucune comparaiſon à faire de l'Emphitéoſe, avec la locaterie perpetuelle, & que celle-ci dépoüille entièrement l'ancien propriétaire, & lui conſerve ſeulement une hipotéque ponr la rente reſervée.

XXXVI.

Lorſqu'il y a pluſieurs ventes, pour raiſon deſquelles le Retrait peut être encore exercé, le Seigneur peut l'appliquer fur celle qui lui paroit la plus convenable à fon intérêt. Mais s'il opte pour une des anciennes, il ne peut pas demander le Lods pour les fubféquentes.

Ainfi jugé par l'Arrêt du 15. de Mars 1665. entre le Seigneur & la Communauté de Puiloubier, rapporté par Boniface tom. 1. liv. 3. tit. 3. ch. 3.

Duperier tom. 2. pag. 36. n. 164. De-Cormis tom. 1. col. 1036. 1049.

XXXVII.

Le Retrait a lieu dans la vente à faculté de rachat; mais le rachat étant exercé dans le tems fixé, le Seigneur eft tenu de défemparer le fonds. La même régle eft obfervée à l'égard du rachât accordé au Débiteur qui a été exproprié d'un immeuble par une collocation.

Mr. de S. Jean décif. 3. rapporte un Arrêt du 23. d'Avril 1580. qui jugea que le tems fixé pour l'exercice du Retrait ne couroit que du jour où le terme du rachât étoit expiré. Il ajoute que plufieurs Juges étoient d'un avis contraire; & ils avoient raifon. Du-Fort dans fes nottes fur cette même décifion de Mr. de S. Jean fait cette obfervation. *Intrà hoc tempus quid impedit quin poffit retinere fub eodem onere paƈti ?*

La vente à faculté de rachât ne renferme pas une condition fufpenfive, mais une condition réfolutive. Duperier tom. 2. pag. 57. n. 269. & pag. 82. n. 384. Paftour *de Feudis lib. 6. tit. 4.*

Arrêts du 21. de Février 1622, & du 19 de Décembre 1634. rapportés par Mourgues pag. 86; & rendus fur l'hipothéfe du rachât accordé par un des Statuts de Provence au Débiteur. Voyez ci-deffus tit. *du Lods* n. XII. & XVI.

XXXVIII.

Si la vente eft faite fous une condition fufpenſive le Retrait eſt en ſuſpens, & le tems fixé pour l'exercer ne court qu'après l'événement de la condition.

Duperier tom. 2. pag. 40. n. 183. Paſtour *de Feudis lib. 6. tit.* 3. Voyez ci-deſſus les Obſervations ſur le n. XLII. du tit. *du Lods.*

XXXIX.

Le Bail en payement volontaire, ou fait par autorité de Juſtice donne ouverture au Retrait.

Mourgues pag. 113. Paſtour *de Feudis lib. 6. tit.* 17. Duperier tom. 2. pag. 36. n. 165.

X L.

Le cas de fraude excepté, le Retrait n'a pas lieu en échange pur & abſolu ; non plus qu'en donation pure & abſolue, partage, licitation, & tranſaction.

C'eſt par les circonſtances particulières que l'on décide s'il y a eu fraude, ou deſſein d'éluder le Retrait. Si l'échange eſt fait d'un fonds avec une rente foncière le Retrait n'eſt pas admis, mais s'il eſt queſtion d'une rente conſtituée, ou de meubles, & autres effets mobiliaires, il a lieu. Livonière *traité des Fiefs.* liv. 5. ch. 4.

L'échange dégenère en contrat de vente, s'il y a ſoulte, & que la ſomme donnée par un des copermutans forme la partie prépondérante. Il faut, ſelon De-Cormis tom. 1. col. 1004., que la ſomme donnée pour ſoulte excéde la valeur du fonds donné en contre échange. Bomy ſur les Statuts pag. 54. ſoutient qu'il eſt ſans difficulté que le Retrait a lieu, lorſqu'on a mis un prix à chaque fonds échangé. Je doute fort que cette opinion doive être ſuivie. L'enonciation du prix ne change pas la nature du contrat. L'intention des Parties n'en a pas moins été de recevoir, non pas le prix du fonds qu'elles tranſportoient, mais un fonds d'égale valeur.

Dans le cas où la ſoulte donne lieu de regarder l'acte comme équipollent à vente, le retrainc peut-il affecter la totalité, où doit-il être Retrait à concurrence de cette ſoulte ? Les coutumes ont beaucoup varié ſur ce point. Livonière *traité des Fiefs* liv. 5. ch. 4. Je donnerois la préférance à celles qui accordent le Retrait pour le tout.

X L I.

Si le fonds eſt en partie vendu, & en partie donné le Retrait n'a lieu qu'à concurrence de la vente.

Duperier tom. 2. pag. 37. n. 167. où il obſerve que comme c'eſt une matière ſujette à fraude, la queſtion dépend des circonſtances remarquées par Du-Moulin cout. de Paris §. 20. gloſ. *in v°.* vendu à prix d'argent. n. 52. & 54.

X L I I.

Les ventes faites pour néceſſité publique, & décoration des Villes ne ſont pas ſujettes au Retrait.

De-Cormis tom. 2. col. 1699. Livonière *trait. des Fiefs* liv. 5. ch. 4. ſect. 6. Tout doit céder à l'intérêt public. Dès qu'il l'exige, on eſt forcé de vendre ſon fonds ; pour-quoi feroit-il permis au Seigneur de mettre obſtacle à cette acquiſition par ſon Retrait ? Il profiteroit alors d'une ré-gle qui n'a été introduite que pour l'utilité publique.

Voyez ci-deſſus tit. *du droit d'Indemnité* n. IX. où eſt rapporté l'Edit qui régle l'Indemnité dûë aux Seigneurs pour raiſon de l'extinction de la Directe ou mouvance des fonds pris pour des ouvrages publics.

X L I I I.

Le Retrait n'a pas lieu, ſi le contrat de vente

eſt nul. Mais l'Acquereur ne peut pas oppoſer lui ſeul la nullité, à l'effet de rendre inutile le Retrait.

Duperier tom. 2. pag. 37. n. 166. Livonière *trait. des Fiefs* liv. 5. ch. 4. ſect. 6.

XLIV.

Une ſervitude impoſée à prix d'argent ſur un fonds n'eſt pas ſujette au Retrait.

Duperier tom. 1. liv. 3. queſt. 10. Cet Auteur après avoir donné cette maxime générale, ajoute qu'il doute fort qu'elle doive avoir lieu en deux cas. 1°. Lorſque l'Emphitéote ou Vaſſal tranſporte à prix argent l'eau deſtinée à l'arroſage de ſon fonds. 2°. Quand il vend une ſource d'eau qui ſe trouve dans ſon fonds, quoiqu'elle ne puiſſe pas ſervir à l'arroſage de ce même fonds. Il diſcute bien la queſtion, & panche pour la déciſion en faveur du Retrait.

XLV.

Le Retrait n'éteint, ni les hipotéques, ni les ſervitudes qui avoient été impoſées ſur le fonds, avant la vente qui a donné ouverture à ce doit.

Duperier tom. 2. pag. 35. n. 160. Les anciens Auteurs avoient crû que les hipotéques & les ſervitudes étoient révoquées. Du-Moulin avoit d'abord eu peine, *tantorum patrum ſententiam evellere*, comme il le dit ſur la cout. de Paris §. 20. gloſ. 5. *in v°*. vendu n. 27. Mais aujourd'hui ſon opinion a prévalu.

XLVI.

Le Seigneur exerçant le Retrait ſur le ſol;

& les restes d'une Maison , qui depuis la vente a été consumée en partie par un incendie , doit en rembourser le prix entier à l'Acquereur.

Duperier tom. 2. pag. 33. n. 153. où il parle d'après Du-Moulin. Brodeau sur l'art. 146. de la coutume de Paris.

XLVII.

Les fonds acquis au Roi par droit de batardise restent soumis au Retrait en cas de vente.

Arrêt du 26. de Mai 1656. rapporté par Boniface tom. 1. liv. 3. tit. 1. ch. 3.

XLVIII.

Si la vente est cassée , après que le Retrait a été exercé, avec restitution de fruits, le Seigneur est obligé, tout comme l'Acquereur qu'il remplace l'auroit été, à les rendre.

Duperier tom. 2. pag. 49. n. 231.

XLIX.

Le Seigneur exerçant le Retrait, après une collocation faite par un Créancier sur des biens situés hors du lieu de son domicile, profite de la quinte part détraite sur la valeur des biens, par forme d'Indemnité pour le Créancier.

Mourgues sur les Statuts pag. 97. où il explique le Statut qui accorde cette Indemnité au Créancier. Mr. de Clappiers cauf. 100. quest. 2. n. 33. La raison de décider est que le Seigneur entre en la place du Créancier colloqué.

L.

Dans ce même cas, le Seigneur n'eſt pas tenu de rembourſer tout ce qui étoit dû au Créancier qu'il évince. Mais ſeulement le prix de ſa collocation.

Le Débiteur exerçant le rachât doit payer au Créancier colloqué tout ce qui lui étoit dû. Le Statut ne lui accorde ce droit qu'avec cette condition qu'il *payera le Jugé.* Ainſi il ne lui ſuffit pas d'offrir le prix de la collocation ; mais le Seigneur exerçant le Retrait prend la place du Créancier, & non pas celle du Débiteur évincé par la collocation. Boutaric trait. *des droits Seigneuriaux* tit. du *Retrait cenſuel* n. 23. atteſte la régle pour les Provinces où l'on procéde par la voye du decret. Le décretiſte eſt ſemblable au Créancier colloqué.

L I.

L'Acheteur évincé par le Retrait n'eſt pas ſoumis à des dommages & intérêts pour les déteriorations faites ſans fraude, avant que le Retrait ait été intenté.

Duperier tom. 2. pag. 32. n. 151. Mourgues pag. 133.

L I I.

Si l'on a vendu des meubles avec le fonds ou immeuble, ſans diſtinguer le prix, le Seigneur ne peut exercer le Retrait qu'en ſe chargeant de la totalité.

De-Cormis tom. 1. col. 1702 ; Mr. de Beſſeux liv. 4. ch. 7. §. 10. rapporte un Arrêt du 23. d'Avril 1709. qui
jugea

jugea que le Seigneur Direct n'étoit pas obligé de fe charger des meubles. Mais ils avoient été eftimés féparément.

LIII.

Lorfqu'après l'exécution du Retrait, le Seigneur fouffre, en tout ou en partie, une éviction, ou lorfqu'il a une Indemnité à prétendre pour raifon d'une fervitude qui n'avoit pas été déclarée par l'Acte de vente, il n'a aucune action de garantie contre l'Acquereur évincé, mais feulement contre le Vendeur.

Duperier tom. 2. pag. 35. n. 162. L'Acquereur eft ôté du milieu, par le Retrait.

LIV.

Le Seigneur doit rembourfer à l'Acquereur le prix, frais, & loyaux-coûts, prix des impenfes & réparations, fi elles n'ont pas été faites depuis le Retrait intenté, & dans là vûe d'en rendre l'exercice plus difficile, & plus coûteux.

Droit commun. L'Acquereur *debet abire omninò indemnis.* Mourgues fur les ftatuts pag. 121. Duperier tom. 2. pag. 40. n. 182. & pag. 82. n. 387. Arrêt du 16. de Novembre 1675. rapporté par Boniface tom. 4. liv. 2. tit. 3. ch. 4. où l'on trouve un grand détail, par rapport aux réparations frais & loyaux-coûts. L'Auteur cite auffi un Arrêt rendu en Mai 1660. & qui condamna le Retrayant au remburfement des frais d'un procès que l'Acquereur avoit été obligé de foutenir.

Plufieurs Auteurs foutiennent, qu'il n'y a que le prix des réparations néceffaires, qui doive être rembourfé. Mourgues s'explique affés confufément à cet égard, & femble admettre même le remboursement *des réparations voluptuaires*, fi elles ont été faites de bonne foi. L'Arrêt du 16. de Novembre 1675. qui fut obtenu par Boniface lui-même, adjugea le remboursement des réparations utiles, qui, comme chacun fçait différent des réparations néceffaires, en ce qu'elles augmentent feulement la valeur du fonds ; au lieu que les néceffaires font faites pour fa confervation, & pour en prévenir la détérioration.

Cette queftion n'eft pas fans difficulté. A l'égard du Retrayant lignager, nul doute qu'il ne doive rembourfer le prix des réparations feulement utiles. Son droit eft par lui-même peu favorable ; & il doit s'imputer de ne l'avoir pas plutôt exercé, l'Acquereur n'étant pas obligé envers lui à la formalité de la notification. Mais tant que le Vaffal ou Emphitéote n'a pas demandé l'inveftiture, il a dû fçavoir qu'il pouvoit être évincé par le Retrait ; a-t-il dû dépendre de lui de le rendre plus difficile ? Cependant on ne peut difconvenir qo'il y a beaucoup d'équité à décider qu'il ne doit pas perdre le prix de ces réparations qui ont augmenté réellement la valeur du fonds.

Quant aux loyaux-coûts, Duperier tom. 2. pag. 82. n. 387. obferve après Du-Moulin, qu'on y comprend les joyaux, ou autres préfens faits à la Femme, & aux Enfans du Vendeur, pourvû qu'ils ne foient pas exceffifs, & qn'ils ayent été faits néceffairement, & pour parvenir à la vente. Ainfi le remboursement de ceux qui ont été faits volontairement après la vente, n'eft pas dû.

LV.

S'il s'agit du Retrait d'un Fief mouvant du Roi, le Ceffionnaire doit rembourfer les frais du dénombrement fourni à la Chambre des Comptes par l'Acquereur.

De-Cormis tom. 1. col. 1687.

LVI.

Si après la vente le prix a été augmenté pour une cause légitime, & sans fraude, cette augmentation doit faire partie du remboursement, à moins qu'elle n'eut été faite depuis que le Retrait a été intenté.

Duperier tom. 2. pag. 39. n. 378. Dupleſſis ſur la cout. de Paris tit. *du Retrait lignager* ch. 2. dit qu'il faut que l'Acheteur eût pû être forcé à augmenter le prix. Par exemple, ſi le Vendeur a voulu faire reſcinder la vente pour léſion d'outre moitié, & que l'Acheteur, en conformité de la Loi 2. *cod. De reſcind. vendit.* ait opté pour le ſupplément du juſte prix.

LVII.

Le Ceſſionnaire du Retrayant appartenan tau Roi, n'eſt pas obligé de rembourſer à l'Acquereur le Lods qu'il avoit été diſpenſé de payer, en vertu d'un Privilége.

Voyez ci-deſſus tit. *du Lods* Art. LXXXI. & les Obſervations.

LVIII.

Le Seigneur exerçant le Retrait eſt obligé de tenir compte du Lods qui avoit été payé, ou devoit être payé au Fermier des droits Seigneuriaux.

C'eſt la différence qu'il y a entre le cas où le Seigneur achette, & celui où il acquiert par la voye du Retrait. Là il n'eſt dû aucune Indemnité au Fermier. Ici elle lui eſt dûë. Voyez ci-deſſus tit. *du Lods* Art. XVIII. & les Obſervations.

LIX.

Quoique les fruits pendans ayent été évalués ſéparément dans l'acte de vente, l'Acheteur ne peut pas les ſouſtraire au Retrait.

Duperier tom. 2. pag. 31. n. 148. où il combat l'opinion de Du-Moulin qui avoit ſoutenu qu'en ce cas le Retrait n'affecte pas les fruits.

LX.

Les fruits pendans lors du Retrait ſont partagés entre le Seigneur & l'Acquereur à proportion du tems, depuis la demande en Retrait, à moins que le Seigneur n'ait differé par affectation de la former, juſques à la parfaite maturité des fruits.

Duperier tom. 2. pag. 32. n. 149. où il dit que l'exception qui termine cette régle, quoiqu'établie par Du-Moulin n'eſt pas ſans difficulté. Elle a été adoptée par un Arrêt rapporté par Boniface tom. 4. liv. 2. tit. 3. ch. 5. & qui adjugea tous les fruits à l'Acquereur.

LXI.

Le Retrayant ſubrogé à l'Acquereur profite des termes & délais accordés pour le payement par l'acte de vente. Mais l'Acquereur peut exiger qu'il lui procure le déchargement de ſon obligation, ou qu'il lui donne caution de payer 'au terme, & de le relever de tous dépens, dommages & intérêts.

Duperier tom. 2. pag. 40. n. 179. De-Cormis tom. 1. col. 1045. Arrêt du 25. de Mai 1554. rapporté par Bomy fur les ftatuts pag. 60.

LXII.

La même régle eft obfervée, lorfque le Vendeur a laiffé le prix à conftitution de rente.

Duperier tom. 2. pag. 58. n. 272.

LXIII.

Le Retrayant peut payer l'Acquereur par la compenfation d'une dette liquide.

Duperier tom. 2. pag. 39. 177. Mourgues fur les ftatuts pag. 124.

LXIV.

Le Retrait n'a pas lieu à l'égard des aliénanations faites par les Communautés pour caufe de département.

Arrêt du 12. de Mai 1673. entre le fieur de Voulx du Lieu de Ste. Tulle, & le fieur Bouteille de Manofque. Voyez ci-deffus tit. *du Lods* Art. LXXVII.

TITRE V.

DES RECONNOISSANCES.

I.

L'ACTE que l'on appelle, en matière de Fief, aveu & dénombrement, eſt connu ſous le nom de Reconnoiſſance, à l'égard du contrat cenſuel, ou Bail Emphitéotique d'un fonds originairement allodial.

Dans l'uſage on employe le terme de *Reconnoiſſances* comme ſinonime avec celui de *dénombremens.* C'eſt par cette raiſon que j'ai confondu les uns & les autres ſous la ſeule dénomination qui eſt la plus uſitée. Ce n'eſt pas qu'il n'y ait certaines différences à faire entre le dénombrement ou reconnoiſſance qui doit être fournie au Seigneur de fief ; & celle qui doit l'être au poſſeſſeur d'une Seigneurie Directe. On les trouvera retracées dans les art. ſuivans.

I I.

Cet acte eſt une Déclaration par laquelle le Vaſſal ou Emphitéote indique au Seigneur les fonds qu'il poſſéde, les titres de ſa poſſeſſion, & reconnoit la mouvance & les redevances ou droits Seigneuriaux auxquels ils ſont ſoumis.

Je ne prétens pas donner par-là une idée préciſe des caractères qu'une reconnoiſſance doit avoir, mais ſeulement une définition générale, dont chaque partie exige des éclairciſſemens particuliers qui formeront autant de régles ſous ce titre.

III.

Il y a deux fortes de reconnoiffances ; les générales, & les particulières. Celles-ci font fournies par chaque Habitant, poffédant biens, ou emphitéote ; celles là le font par les Confuls ou Sindics de la Communauté.

IV.

Les Reconnoiffances générales doivent comprendre non-feulement les biens communaux ou Domaines que la Communauté pofféde pour l'univerfalité des Habitans, fous la mouvance du Seigneur, ou comme foumis envers lui à des redevances, mais encore les droits Seigneuriaux univerfels, affectant tous les Habitans ou poffédans biens.

De-Cormis tom. 2. col. 1490. Mr. de Boiffieu trait. *de l'ufage des Fiefs* pag. 386. Les droits univerfels ne peuvent même valablement être reconnus que par la Communauté elle-même, ou fes Adminiftrateurs. Les reconnoiffances particulières ne fçauroient affecter que ceux qui les ont fournies.

Mr. de Boiffieu *loc. cit.* rapporte un Arrêt du Parlement de Grenoble du 18. de Juillet 1667. qui jugea qu'un feul Habitant ou poffédant biens peut dénoncer une reconnoiffance générale, comme contraire aux titres primordiaux, & la faire réformer. Bacquet dans fon traité *des droits de juftice* tit. 29. n. 84. & fuiv. cite des Arrêts du Parlement de Paris qui ont jugé qu'en pareil cas la Communauté doit être appellée pour déclarer, fi elle adhere à la conteftation. Il femble, que cette formalité doit être obfervée quand il s'agit d'un droit ou redevance qui n'intéreffe les Habitans on poffédans biens que *ut uni-*

verfos, & que la Commauté eft obligée d'acquitter. Mais s'il eft queftion d'un droit ou redevance qu'il ont à acquitter eux-mêmes *ut finguli*, quoiqu'ils y foient tous foumis, chacun d'eux eft partie légitime pour contefter.

V.

L'on donne auffi, mais improprement, le nom de Reconnoiffances générales, au renouvellement que les Seigneurs font de leur Terrier.

Ce Terrier eft un amas des Reconnoiffances particulières, & contient auffi la reconnoiffance générale de la Communauté.

Le Roi fait auffi procéder, après un certain tems, au renouvellement du Terrier concernant fes droits de fuzeraineté, & autres. Les anciens Comtes de Provence fuivoient une autre methode. Ils envoyoient dans tous les Lieux de la Province des Maîtres rationaux qui prenoient une efpèce d'enquête fur tous les droits appartenans à la Cour Royale, & en dreffoient un Procès-Verbal qui étoit remis enfuite aux Archives. Ces Procès-Verbaux qui y font encore confervés font regardés comme des piéces autentiques, & formant titre en faveur de Sa Majefté, à moins qu'on n'oppofe des preuves contraires aux énonciations qui y font contenues. Voici l'intitulation du Procès-Verbal fait en 1378. au fujet des droits appartenans à la Cour Royale, dans la Ville d'Aix, fon Terroir, & fa Viguerie.

In nomine Domini Amen. Regiftrum continens omnia jura, redditus, & Proventus, & Jurifdictiones, ac recognitiones quorumcumque jurium quæ & quas reginalis curia habet, & percipit tam in civitate Aquenfi quam ejus Territorio, nec non & in burgo ipfius Civitatis Villa Turrium, & locis aliis omnibvs exiftentibus infrà vicariam, & judicaturam Civitatis Aquenfis; factum & compofitum per virum egregium, Dominum Veranum Sclaponi, magiftrum rationalem, & magiftrum Hugonem Bernardy rationalem, comitatuum Provinciæ & Forcalquerii vigore & autoritate commiffionis factæ eis per magnificum & potentem virum Dominum Falconem de Agouto, militem

vallinum relhaniæ, lucique Dominum, comitatuum Pro-
vinciæ, & Forcalquerii Seneſcallum ; inceptum quidem
anno Incarnationis Domini 1378. die 8. Februarii ſecundæ
indictionis.

C'étoit des Habitans eux-mêmes, ou de leurs Sindics
que l'on recevoit les éclairciſſemens. Peut-être ne s'en ſe-
roit-on pas rapporté à eux, ſi l'on eut vû alors, comme
aujourd'hui, tant de procès entre les Seigneurs & leurs
Vaſſaux.

VI.

Les Reconnoiſſances générales ſont obliga-
toires à l'égard des Forains, comme pour les
Habitans.

Bretonnier dans ſes obſervations ſur Henris tom. 1. tit.
3. ch. 3.

VII.

La reconnoiſſance doit contenir l'exacte énu-
meration des fonds poſſédés par celui qui
la fournit, la dénomination du quartier où
ils ſont ſitués, leurs confronts, & le détail des
ſervices ou redevances auxquelles ils ſont ſoumis.

Arrêt du 15. d'Avril 1711. rendu par les Commiſſaires
délégués entre le Seigneur & la Communauté de Rougiers. „ Faiſant droit ſur le chef de la Requéte concer-
„ nant la demande en dénombrement , ordonnons que les
„ Conſuls audit nom , & tous les poſſédans biens dans ledit
„ Terroir de Rougiers feront chez un Notaire une Dé-
„ claration contenant dénombrement de tous & un cha-
„ cun les biens qu'ils poſſédent dans ledit Lieu , & ſon
„ Terroir , tant francs de Taille que Roturiers , de quel-
„ que nature & qualité qu'ils ſoient, avec la contenance
„ de chacun d'iceux en particulier , la dénomination du
„ Terroir où ils ſont ſitués , & leurs véritables confronts,

„ avec affirmation que ledit dénombrement contient vérité,
„ & dont ils donneront extrait au Seigneur en forme pro-
„ bante.

VIII.

L'Emphitéote ou Vaſſal ne ſatisfaiſant pas à l'obligation de fournir ſa reconnoiſſance, après l'interpellation qui lui en a été faite, le Seigneur eſt fondé à demander qu'il lui ſoit permis de ſe mettre en poſſeſſion des biens, pour en percevoir les fruits, juſques à ce que l'obligation ait été remplie.

L'Arrêt entre le Seigneur & la Communauté de Rougiers cité ſur le précédent art. ne prononça que la peine d'une amende de 100 liv. contre chacun des contrevenans. Mais l'Arrêt du 16. de Mars 1665. entre le Seigneur & la Communauté de Puiloubier autoriſe cette ſaiſie féodale, & adopte la diſpoſition des coutumes à cet égard. Mais il s'en écarte, en ce qu'il donné les fruits au Seigneur pendant la durée de la ſaiſie, tandiſque les coutumes ne font perdre au Vaſſal les fruits, que lorſque la ſaiſie a été faite, faute d'hommage. Si c'eſt le refus de fournir l'aveu & dénombrement qui donne lieu à la ſaiſie, elle n'eſt faite qu'à la charge de rendre compte des fruits, après que le Vaſſal aura ſatisfait à ſon obligation.

IX.

La reconnoiſſance doit être en forme autentique, reçue par un Notaire & ſouſcrite par deux Témoins.

Arrêts rapportés par Brodeau ſur l'art. 8. de la cout. de Paris, & par Mr. le Prêtre cent. 3. ch. 51. Tel a toujours été l'uſage obſervé en Provence.

X.

Le Seigneur a le choix du Notaire ; il peut même s'adreſſer à un Notaire étranger, mais ſans ſurcharge pour les Habitans qui peuvent en cas de ſuſpicion faire aſſiſter pour eux un autre Notaire ; & les minutes ou originaux écrits par le Notaire étranger doivent être dépoſés chez un Notaire du Lieu.

Boniface tom. 4. liv. 1. tit. 5. ch. 1. rapporte un Arrêt du 28. de Juin 1586. qui ordonna que les reconnoiſſances feroient reçues par un Notaire dont le Seigneur & les Habitans conviendroient. Mais cette Juriſprudence n'eſt plus obſervée. L'Arrêt du 16. de Mars 1665. entre le Seigneur & la Communauté de Puiloubier accorda le choix au Seigneur, & à la Communauté le droit de faire aſſiſter un autre Notaire.

Ce fut par un Arrêt rendu ſur les concluſions que je portai pour Mr. le Procureur-Général, que l'on jugea qu'il étoit permis au Seigneur d'appeller un Notaire étranger, ſans ſurcharge pour les Habitans. L'Arrêt eſt du 30. de Septembre 1740. entre le Seigneur & la Communauté d'Eyragues. Il y a un ancien Arrêt qui avoit jugé la même queſtion en faveur dn Chapitre de Graſſe, Seigneur de S. Valier, le 27. de Janvier 1656.

Par celui du 30. de Septembre 1740. rendu entre le Seigneur & la Communauté d'Eyragues, & que je viens de citer, il fut ordonné que les minutes ou originaux feroient dépoſés chez un Notaire du Lieu ; n'étant pas juſte que le choix que le Seigneur fait d'un Notaire étranger coute des frais aux Habitans, lorſqu'ils ont des vérifications à faire.

XI.

Le Seigneur Direct qui ne participe ni au Fief, ni à la Juſtice, a par rapport au choix du Notaire le même droit que le Seigneur Juſticier & féodal.

Arrêt du 13. de Décembre 1710. en la cauſe du ſieur Marcel, & du ſieur de Francheſqui de Marſeille. Autre Arrêt du 3. de Mars 1742. rendu en faveur de la Dame de Monguers qui poſſédoit des Directes dans le Terroir de Saignon, contre Me. Pons, Notaire. Il faut obſerver que la Dame de Monguers avoit fait choix de Me. Solier, Notaire de Saignon, & non d'un Notaire étranger. Je ne doute nullement que l'on ne permît pas au Seigneur qui n'a que des Directes, ſans aucune portion de la Juſtice, ou du Fief de s'adreſſer à un Notaire étranger.

XII.

Le nouvel Emphitéote ou Vaſſal eſt tenu de fournir ſa reconnoiſſance, l'ancien, de la renouveller à chaque mutation par mort, & non par acquiſition ; même de 30 en 30 ans ; à leurs frais, dans ces cas ; & aux frais du Seigneur, toutes les fois qu'il l'exige hors de ces mêmes cas.

L'uſage eſt conſtant, en Provence, par rapport à ces différens cas ; excepté pour celui où c'eſt le même Seigneur qui exige une nouvelle reconnoiſſance après un certain tems. Dans la cauſe du Seigneur & de la Communauté d'Eyragues, dont j'ai parlé ci-deſſus, on agita la queſtion ſi le Seigneur pouvoit demander le renouvellement de 10 en 10 ans, aux frais de l'Emphitéote, comme l'établiſſent pluſieurs Auteurs. Il n'y avoit ni Arrêt de préjugé, ni aucune preuve de l'uſage obſervé en Provence. La queſtion ne fut pas jugée ; le fait la rendoit oiſive. Mais j'ai lieu de croire qu'on auroit décidé que le terme de 10 ans étoit trop court, & qu'il ſuffiſoit au Seigneur qu'il pût dans les 30 ans s'inſtruire de ſes droits aux dépens des redevables, & interrompre ainſi la preſcription. L'on avoit penſé ainſi au Parquet.

XIII.

L'Emphitéote ou Vaſſal doit fournir au Seigneur l'extrait ou copie de la reconnoiſſance.

L'Arrêt du 25. d'Avril 1711. entre le Seigneur & la
Communauté de Rougiers le jugea ainſi. Déciſion juſte :
dans le diſtrict des coutumes qui exigent que l'aveu &
dénombrement ſoit donné en forme probante & autentique,
il faut qu'il ſoit fourni au Seigneur par le Vaſſal ou Emphitéote en parchemin. C'eſt un titre que le Seigneur a
droit d'exiger ; il eſt donc néceſſaire de le lui remettre,
ou en original, ou par copie.

XIV.

Le Notaire ne peut exiger pour ſalaire, que
15 ſ. pour la priſe d'une reconnoiſſance contenant un ou deux articles ; à l'égard de celles
qui en contiennent un plus grand nombre, il
eſt payé 2 ſ. 6 d. pour chaque article au-
deſſus des deux premiers, juſques à dix inclu-
ſivement, & pour les articles au-deſſus de dix
à quelque nombre que ce ſoit, un ſol trois
deniers pour chacun, ſans y comprendre le
papier & contrôle. L'extrait doit être expédié
pour 10 ſ.

Ce Réglement fut fait ſur la requiſition que je fis en portant la parole pour Mr. le Procureur général en la cauſe du
Seigneur & de la Communauté d'Eyragues. La datte de
l'Arrêt eſt citée ci-deſſus Art. X.

Juſqu'alors on avoit ſuivi le Réglement fait par l'Arrêt
du 16. de Mars 1665. entre le Seigneur & la Communauté
de Puiloubier, & qui étoit moins étendu.

XV.

La reconnoissance fournie au Seigneur de Fief doit l'être au chef-lieu, ou principal manoir. Le Seigneur qui n'a que des Directes sans aucune portion de la Justice ou du Fief, ne peut pas exiger que la reconnoissance soit passée dans sa Maison.

   ' Arrêts du 28. de Juin 1586. du 30. d'Avril 1607, & du 30. de Juin 1614. rapportés par Mourgues pag. 140. & par Duperier tom. 2. pag. 470. C'est le droit commun.
   A l'égard du simple possesseur des Directes ; Arrêt du 13. de Décembre 1710, contre le sieur de Franchesqui de Marseille, en faveur du sieur Martel, d'Aubagne.

XVI.

Le Vassal ou Emphitéote peut satisfaire par Procureur à l'obligation de fournir la reconnoissance.

   Droit commun. Ainsi ce devoir diffère à cet égard de la foi & hommage qui doit être prêté par le Vassal lui-même. Voyez ci-dessus tit. *De l'hommage* Art. VII.

XVII.

Au défaut des titres primodiaux qui doivent être exhibés au Seigneur, l'Emphitéote ou Vassal doit produire ceux qui justifient qu'il posséde depuis 30 ans, & affirmer à serment qu'il n'en a point d'autres, ni cessé d'en avoir, par dol & fraude.

Arrêts du 26. de Mars 1640. & du 15. de Janvier 1657. rapportés par Boniface tom. 1. liv. 3. tit. 3. ch. 1.

XVIII.

Pour juftifier cette poffeffion, un fimple extrait ou notte du cadaftre ne fuffit pas.

Arrêt du 22. de Mars 1667. rapporté par Boniface tom. 1. liv. 3. tit. 3. ch. 2.

XIX.

S'il y a plufieurs Coffeigneurs, ils doivent s'unir, ou convenir de l'un d'eux pour recevoir la reconnoiffance.

De-Cormis tom. 1. col. 1014. La divifion du Fief ou de la Directe ne doit pas produire une furcharge pour le Vaffal ou Emphitéote.

XX.

S'il y a plufieurs poffeffeurs par indivis du fonds Emphitéotique, le Seigneur peut les forcer à s'unir pour ne fournir qu'une feule reconnoiffance & il peut auffi exiger qu'un feul lui reconnoiffe la redevance entière, quoiqu'elle fe trouve divifée fans qu'il y ait confenti.

Arrêt du Parlement de Touloufe du 9. de Mai 1749. rapporté par l'Auteur de nottes fur le traité *des droits Seigneuriaux* par Boutaric pag. 5. & 6. Livonière trait. *des Fiefs* liv. 1. ch. 7.

XXI.

Le Seigneur ne peut exiger qu'une feule reconnoiffance, & non autant de reconnoiffances

que le Vaſſal ou Emphitéote poſſéde de fonds
donnés originairement à nouveau Bail par des
titres différens.

Livonière traité *des Fiefs* liv. 1. ch. 7.

XXII.

C'eſt au propriétaire, & non à l'uſufruitier
à fournir la reconnoiſſance.

L'Auteur des nottes ſur le traité *des droits Seigneuriaux*
par Boutaric pag. 5.

XXIII.

La reconnoiſſance reçue, ſans blâme, par le
Seigneur, devient un titre reſpectif entre lui &
le Vaſſal ou Emphitéote.

Cela doit être entendu, ſous la modification énoncée ci-
deſſous art. XXIV. Les coutumes ont fixé le tems pour
le blâme ; mais en Provence, il peut être fait pendant
30 ans. Les erreurs, omiſſions, excès, donnent lieu au
blâme.

XXIV.

Une ſeule reconnoiſſance ſuffit & ſupplée au
défaut d'un titre primordial pour le Roi, le
Seigneur Haut-Juſticier, l'Egliſe, l'Ordre de
Malthe, les Hôpitaux, & autres Communautés
Eccléſiaſtiques. A l'égard des autres Seigneurs,
ou poſſeſſeurs de Directes, il en faut deux.

Arrêt du 12. de Février 1622. rapporté par Mourgues
pag. 140. Autre Arrêt cité ſans datte par Duperier tom. 2.
pag. 223. n. 291. De-Cormis tom. 1. col. 793. 1012. & 1013.

XXV.

XXV.

Le titre Primodial fe trouvant en concours avec des reconnoiffances qui le contredifent , la préférence lui eft dûe. S'il ne paroit pas , & qu'il n'y ait que des reconnoiffances difcordantes , celle qui eft la moins onéreufe pour le réde‑ vable prévaut.

Les reconnoiffances ne font que des titres déclaratifs, & non conftitutifs. *Partes non intendunt difponere fed renovare,* comme dit Du-Moulin. Elles font rélatives au titre primor‑ dial qu'elles fuppofent. De‑là cette régle qu'elles doivent être reformées , lorfqu'elles ne lui font pas conformes. La poffeffion , quelque longue, quelque paifible qu'elle ait été, n'eft d'aucun fecours. Le titre primordial *femper vigilat , femper loquitur. Poffeffio fubfequens intelligitur fecundùm titulum præcedentem de quo conftat , ad quem refertur, & fecundùm illum determinatur.* Du-Moulin cout. de Paris tit. *des Fiefs* §. 68. & dans fon trait. *de ufuris* queft. 19. n. 211. D'Argentré cout. de Bretagne art. 276. glof. 1. n. 4. & 5. Henris tom. 1. liv. 3. ch. 4. queft. 42. cite l'é‑ xemple d'un Seigneur qui avoit fait obliger les Habitans à lui payer un Bœuf gras , & qui avoit exigé cette rede‑ vance pendant plufieurs années. Les Habitans impétrerent des lettres de recifion , & demanderent que le Seigneur repréfentât les titres énoncées dans la tranfaction , mais comme il ne pût en produire aucun ; la tranfaction fut caf‑ fée par Arrêt du Parlement de Paris.

Cette régle fut adoptée bien précifément par l'Arrêt rendu par le Parlement de Grenoble , dans le Procès évo‑ qué entre Mr. le Préfident de Galiffet , & les poffédans biens au Terroir du Tholonet , & dont j'ai fait mention fur l'art. I. du tit. *du Lods* , ainfi que dans mes obferva‑ tions fur les actes de notorieté n. III. Il fut jugé que le Seigneur ne pourroit exiger le Lods & Trézain à raifon de deux fols pour florin que vis-à-vis de ceux qui y fe‑ roient foumis par les Baux emphitéotiques c'eft à-dire, par le titre Primordial. L'on ordonne enfuite l'exécution

des reconnoiſſances, où il ſera fait mention du Lods &
Trézain à raiſon de deux ſols par florin , mais avec ce tem-
peramment, que le nouveau Bail paroiſſant, & fixant le
Lods à un moindre taux, les reconnoiſſances ſeroient reformées ; enfin qu'au défaut du nouveau Bail, & dans le
concours de reconnoiſſances contraires les unes aux autres,
celles qui fixoient le Lods & Trézain à raiſon d'un ſol pour
florin, ſeroient exécutées.

De-Cormis tom. 1. col. 906 & 1077 dit que les nouvelles
reconnoiſſances ſe corrigent par les anciennes. L'obſervation
n'eſt pas exacte ; ſi l'ancienne reconnoiſſance étoit plus oné-
reuſe que la nouvelle, elle ſeroit corrigée par celle-ci. Cela
eſt inconteſtable.

TITRE VI.

DU CENS.

I.

LE Cens eſt une redevance en argent, grains, fruits, volailles, ou autres eſpèces, impoſée par l'inféodation ou l'acte de nouveau Bail.

Ce n'eſt pas que l'on ne donne auſſi le nom de *Cens* à des redevances impoſées par d'autres titres que l'inféodation, ou le Bail à emphitéoſe. Mais cette qualification eſt proprement réſervée à la redevance qui eſt ſtipulée *in traditione fundi*, & ſuppoſe néceſſairement le Domaine direct. C'eſt ce qu'on appelle *le Chef-Cens*.

Il y a des Auteurs qui décident que l'impoſition du Cens ſuffit pour la preuve de la Directe. De-Cormis tom. 2. col. 1776. Le contraire a été jugé par l'Arrêt rapporté par Duperier tom. 2. pag. 424. Il s'agiſſoit d'un Cens impoſé en faveur du Roi pour la permiſſion de dériver les eaux de la Durance par le canal de Craponne. Duperier chargé de la défenſe contre le Fermier du Domaine avoit parfaitement établi, qu'il eſt de l'eſſence du vrai Cens qui ſuppoſe la directe, d'avoir été créé par un acte de nouveau Bail. Les autres Cens ſont des rentes foncières, que l'on appelle auſſi rentes ſéches.

II.

Le Cens n'eſt pas ſeulement une redevance pécuniaire ; il renferme de plus une eſpèce de droit honorifique ; de-là vient qu'il eſt portable , à moins que par les titres il n'ait été établi querable.

Boutaric dans son trait. *des droits Seigneuriaux* a hazardé cette proposition, que de droit commun, le Cens est querable. L'Auteur des notes sur ce traité, refute cette erreur.

Arrêt en 1636. pour le Seigneur de Porrières. Autre Arrêt du 17. de Décembre 1637. pour le Seigneur de Ginafervy. Ils font rapportés par Duperier tom. 2. sous le mot *Cense*. Arrêt rendu par le Parlement de Grenoble le 3. d'Août 1733. dans le procès évoqué du Seigneur & de la Communauté de Valernes.

Le Cens est *debitum obsequiale ; annexam habet honoris & reverentiæ exhibitionem ideòque vaffallus debet accedere ad Dominum, & ejus domicilium.* Du-Moulin cout. de Paris tit. *des Censives* §. 65. n. 3.

III.

C'est au Château ou principal manoir dans le Fief que le Cens doit être porté.

Droit commun. Les redevables ne font pas obligés de suivre le domicile du Seigneur. Mêmes Arrêts cités sur l'art. précédent.

IV.

Le Cens portable ne devient pas querable par la prescription.

Ainsi quoique le Seigneur l'ait envoyé chercher pendant 30 ans, il n'en a pas moins le droit d'exiger qu'on le lui porte. Arrêt du 7. d'Août 1682. rapporté dans le Journal du Palais.

V.

Le Seigneur Direct qui ne participe ni au Fief, ni à la Justice, & n'a que des directes impo-

Iées fur des fonds originairement allodiaux, ne peut pas exiger que le Cens lui foit porté dans fa Maifon, à moins que l'emphitéote ne s'y fût expreffément foumis.

Cela fut reconnu dans le procès où intervint l'Arrêt dont j'ai fait mention fous le tit. *des Reconnoiffances* art. XV. Le Seigneur Direct fe bornoit à prétendre qu'on devoit lu fournir la reconnoiffance dans fa Maifon.

VI.

Le payement du Cens offert par un tiers fans procuration, peut être refufé par le Seigneur.

Duperier tom. 2. pag. 87. n. 411. De-Cormis tom. 1. col^e 804. Il importe au Seigneur, dit Duperier, que la cenfiv^e ou preftation lui foit payée par le Débiteur, afin que c^e payement interrompe la prefcription de la penfion, & ferv^e de preuve à l'avenir pour la cenfe dont la qualité pourroi^t un jour être difputée.

VII.

Le redevable ne peut pas obliger le Seigneur à recevoir par avance le payement du Cens.

Tous les Auteurs, excepté Paftour, conviennent de cette régle. Son opinion, qu'il fonde fur la Loi *placuit cod. De collat. fund. patr.* va même jufqu'à pouvoir contraindre le Seigneur à recevoir par avance le payement pour trois ans. Il eft certain que la difpofition de cette Loi n'eft pas fuivie.

VIII.

Le retardement du redevable à payer le

Cens en grains le foumet à tenir compte de la plus value réglée par le rapport des marchés que le Seigneur choifit dans l'année de chaque échute.

Arrêt du 3. d'Avril 1727. en faveur du Fermier de l'Archevêché d'Aix, contre Me. Reboul, Avocat du Roi en la Sénéchauffée d'Aix. Arrêt en faveur du Seigneur de Valernes du 3. d'Août 1733. cité ci-deffus art. II.

IX.

Les intérêts du Cens de la valeur de 10 fols en argent ou d'un civadier blé & au-deffus, font dûs *ex mora* ; le terme du payement fervant d'interpellation.

Arrêt du 16. de Mars 1665 entre le Seigneur & la Communauté de Puiloubier rapporté par Boniface tom. 1. liv. 3. tit. 3. ch. 3. Arrêts cités fur l'art. précédent. Mais lorfque le Seigneur a la plus value, fuivant le rapport du marché qu'il choifit, les intérêts ne lui font dûs que depuis le jour où fut fait le rapport pour lequel il opte. *Avec plus valüe, intérêts depuis le jour du rapport des marchés que ledit Savournin choifira dans l'année de chaque écheance, qui fervira de fixation à ladite plus valüe.* Ce font les termes de l'Arrêt du 3. d'Avril 1727. obtenu par le Fermier de l'Archevêché d'Aix.

Les redevances ou Cens, qui ne confiftent ni en grains, ni en argent, ne produifent aucuns intérêts. Cette différence fe trouve établie par l'Arrêt du 15. d'Avril 1711. entre le Seigneur & la Communauté de Rougiers. *Condamnons,* y eft-il dit, *la Communauté, à payer audit de Valbelle la Penfion annuelle de 300 liv. & fix paires Perdrix, femel pro femper ; enfemble les arrerages de ladite Penfion de 300. & de fix paires Perdrix, avec intérêts de ladite Penfion, tels que de droit.*

X.

Le Cens en blé doit être payé, s'il s'agit d'un Cens attaché à une directe féodale, par le plus beau blé crû dans le Terroir; & s'il est question d'un Cens dépendant d'une directe particulière retenue sur un fonds originairement allodial, en blé le plus beau qu'ait produit le fonds emphitéotique.

Pour le Cens attaché à une directe féodale; Arrêt en 1716. en faveur du Seigneur de Viens; Arrêt du 3. d'Août 1733. en faveur du Seigneur de Valernes. Arrêt du 31. de Mars 1735 pour le Seigneur de Tretz. Acte de Notorieté donné par Mrs. les Gens du Roi le 5. de Mai 1732.
Pour le Cens dû au Seigneur Direct particulier d'un fonds originairement allodial, Arrêt du 26. de Juin 1702. en faveur de Mre. Rebuffat, Sacristain de l'Eglise S. Jean d'Aix.

X I.

Le Cens en argent est payable en monnoye courante.

Pastour *de Feudis lib. 3. tit. 4.* Mais à l'égard des anciennes espèces ou monnoyes l'évaluation en est faite; & quoique le payement soit fait en monnoye courante, on n'en prend pas moins pour régle l'ancienne valeur des espèces énoncées dans les titres. Arrêt du 29 de Mars 1714 en faveur du sieur Agier. Cet Arrêt fournit une preuve de l'erreur où sont tombés ceux qui ont crû que les Seigneurs ne pouvoient pas faire usage de la disposition de l'Arrêt du Conseil que je vais rapporter.

Arrêt du Conseil d'Etat du Roi, contenant Réglemens sur l'évaluation des monnoyes anciennes, & ordonnant que les Cens, redevances, Albergues, Cavalcades, & autres droits Seigneuriaux seront payés en monnoyes anciennes du 30. Octobre 1670.

VU au Conseil du Roi, le Jugement des sieurs Commissaires députés sur le fait des Domaines de Sa Majesté en Provence du 14. Février 1667. par lequel ils ont ordonné que les redevances en florins, sols Royaux Reforciats, Coronats, Raymundins, Guillaumins, Provençaux, gros, Maille-doux, & autres monnoyes seront payées, tant pour ce qui est du passé qu'à l'avenir, en espèces de la même qualité & poids qu'elles étoient lors de la création & constitution des redevances, ou leur juste valeur suivant l'évaluation qui en seroit faite par lesdits sieurs Commissaires. Autre Jugement provisionel intervenu en conséquence le 18. Avril 1669. Autre Jugement intervenu sur la contestation d'entre le Fermier des Domaines & les Echevins de Marseille le 5. Juillet 1669. & sur le rapport des Experts nommé par lesdits Commissaires pour faire l'évaluation des anciennes espèces d'auparavant l'année 1257. concernant le droit de poids de la farine ou de loret, & les droits Seigneuriaux ; par lequel Jugement lesdits Commissaires ont réglé & évalué ledit florin à cinq livres un sol ; chacun sol de toutes qualités à huit sols cinq deniers de monnoye courante, & chacun denier à huit deniers un tiers ; & pour les redevances créées depuis 1395. que le florin avoit été évalué par un rapport de 1658. lesdits Commissaires auroient, conformément audit rapport, ordonné qu'il sera payé pour chacun florin quatre livres deux sols quatre deniers de monnoye courante, pour chacun sol la douzième partie dudit florin revenant à sept sols six deniers de monnoye courante, & pour chacun denier sept deniers & demi ; sauf pour ceux qui prétendront que pour la création des redevances par eux dûes depuis 1393. les espèces ont diminué de poids, prix & bonté, d'en faire faire un rapport à lurs frais & dépens sans retardement de ce qui se trouvera échû. Cayer particulier des remontrances sur le sujet des monnoyes & autres pièces ; oüi le rapport du

ſieur Colbert, Conſeiller au Conſeil Royal, Contrôleur Général des Finances, le Roi en ſon Conſeil a ordonné &
ordonne que ledit Jugement des Commiſſaires de Provence
du 5. Juillet 1669. ſera diſinitivement exécuté ſelon ſa forme & teneur; ce faiſant & conformément à icelui que les
Cens, redevances, Albergues, Cavalcades, & autres droits
Seigneuriaux annuels ſeront payés en monnnoye ancienne,
ſauf aux redevables à ſe pourvoir pardevant leſdits Commiſſaires pour régler la ·qualité & valeur de ladite monnoye ancienne ſelon le tems de l'établiſſement deſdits droits
& quant aux ſubſides & impoſitions ſur le Vin, Drogue-
ries, Epiceries, & autres droits qui ſe perçoivent dans les
Bureaux des Fermes de Sa Majeſté, ordonne qu'ils ſeront
payés de monnoye courante. Fait au Conſeil d'Etat du Roi,
tenu à Paris le 30. Octobre 1670. Collationné. *Signé*
BECHAMEL.

Il y a un ſemblable Arrêt du 24. d'Octobre 1687. rendu
contre contre la Communauté d'Arles.

XII.

Trois quittances du Cens faites conſécutive-
ment ſans réſerve, ni proteſtation, fourniſſent
une préſomption du payement pour les années
précédentes.

Paſtour *de Feudis lib.* 3. *tit.* 4. n. 8. Cette régle eſt
commune à toute ſorte de redevances ou preſtations annuelles, & elle eſt puiſée dans la Loi *quicumque cod. De
apocis.* Mais la préſomption n'eſt pas excluſive de la preuve
contraire. Mr. le Prêtre art. 1. ch. 7. Mr. Cambolas liv.
2. ch. 26. Danti trait. de la preuve par témoins part. 1.
ch. 13. aux additions; où il dit, qu'il faut une preuve
contraire par écrit, & non par témoin.

XIII.

Le Cens eſt impreſcriptible par la ſeule ceſ-
ſation de payement. Il eſt cependant ſujet à

la preſcription pour les arrerages & pour la quotité.

Droit commun, fondé non-ſeulement ſur la maxime établie en matière de droits Seigneuriaux, tant qu'il n'y a point eu de dénegation de la part du redevabie, mais encore ſur la Loi *cum notiſſimi cod. De præſcript.* 30 *vel* 40 *ann.* qui décide que l'obligation par rapport aux preſ-tations annuelles ſe renouvellant à chaque terme du paye-ment, il ne peut être queſtion de la preſcription que pour les arrerages.

Boniface tom. 1. liv. 3. tit. 3. ch. 3. fait mention d'un ancien Arrêt du 1. de Décembre 1573. qui jugea que les arrerages du Cens étoient dûs avant la demande depuis 29 ans, quoique l'inſtance formée ſur cette demande fut tom-bée en peremption. L'Arrêt entre le Seigneur & la Com-munauté de Puiloubier rapporté dans ce même ch. 3. jugea le contraire ; & n'adjugea les arrerages que depuis 29 ans échûs avant la nouvelle demande ; *& benè* ; l'inſtance périmée devant compter pour rien, & n'arrêtant pas le cours de la preſcription.

Quant à la quotité, quoiqu'il y ait bien des Auteurs qui ſoutiennent qu'elle n'eſt pas ſujette à la preſcription, dès que le titre qui l'a fixée paroit, cependant l'opinion con-traire eſt la plus répandue. Paſtour *de Feudis lib.* 3. tit. 4. n. 2. ſuppoſe que le titre Primordial paroit : *non tenetur,* dit-il, *de eo quod amplius eſt in inveſtiturâ vel reco-gnitionibus anterioribus.* Mais il ajoute que l'eſpace de dix ans ſuffit pour cette preſcription. Il ſe trompe, en ce point. Il ne faut pas moins de 30. ans pour la conſom-mer. Il faut de plus que les payemens aient été unifor-mes, & faits annuellement.

XIV.

La qualité ou eſpèce du Cens eſt impreſcrip-tible ; ainſi par les payemens conſécutifs & an-nuels pendant 30 ans, en argent, d'un Cens établi en grains, on n'acquiert pas le droit de ne le payer plus à l'avenir qu'en argent.

Henris liv. 1. queſt. 39. Marnac ſur la Loi 9. ff. *De contrh. empt.* Brodeau cout. de Paris art. 124. Banage cout. de Normandie art. 521.

XV.

Lorſque le Seigneur dans ſon Fief a un Cens univerſel, mais différemment fixé, par rapport au taux, le titre Primordial qui en a déterminé la quotité pour un fonds ne paroiſ- ſant pas, l'on prend pour régle le taux des fonds voiſins.

Duperier tom. 2. pag. 10. n. 37. De-Cormis tom. 1. col. 805. Arrêt en 1753. en faveur du Seigneur de S. Michel contre Me. de Beauchamps, Lieutenant en Sénéchauſſée de Forcalquier.

XVI.

L'emphitéote, qui par une poſſeſſion de 30 ans a acquis au-delà de ce qui lui avoit été ori- ginairement tranſporté, eſt obligé d'augmenter à proportion le Cens, en deux cas. 1°. Si le Seigneur a un Cens univerſel. 2°. Si le Cens impoſé par le nouveau Bail avoit été reglé par arpent, ou autre étendue fixe de terrain.

C'eſt ainſi, qu'il faut entendre les expreſſions em- ployées par De-Cormis tom. 1. col. 763. au ſujet de l'u- ſurpation faite par l'emphitéote.

XVII.

La diviſion ou démembrement du fonds em- phitéotique n'opére pas la diviſion du Cens à l'égard du Seigneur qui a toujours une action solidaire contre tous les possesseurs.

Duperier tom. **2.** pag. 84. n. **395.** De-Cormis tom. **1.** col. 800.

XVIII.

Si les Tenanciers ont payé séparément pendant 30. ans leur contingent ou portion divisée entr'eux, & que le Seigneur n'ait fait aucune protestation ou reserve de la solidité, elle est perdue pour l'avenir.

Droit commun.

XIX.

Le Seigneur en acquerant & réunissant à son Domaine Direct un des fonds soumis à la solidité pour le payement du Cens, ou en affranchissant l'un des cooblidés, conserve cette même solidité à l'égard de tous les autres, déduction faite de la portion détachée de la masse.

Il y a diversité d'opinions. Plusieurs Auteurs croient que la masse de la solidité ne peut être entamée, & qu'il faut ou qu'elle subsiste toujours entière, on que la moindre atteinte qu'elle souffre la rompe absolument pour tous. Duperier tom. **1.** liv. **3.** quest. **16.** a adopté ce sentiment.

La question a été jugée par un Arrêt du mois de Juillet 1754. rendu en faveur du sieur Frachier de la Ville des Baux contre plusieurs Co-tenanciers qui soutenoient que le possesseur de la rente ayant affranchi l'un d'eux de l'obligation solidaire, elle avoit été anéantie à l'égard de tous. Il fut jugé qu'elle subsistoit ; paroissant par les termes de l'Acte d'affranchissement que l'intention du possesseur de la rente avoit été de la conserver par rapport aux autres , qui en perdant l'avantage d'avoir leur recours contre un de leurs coobligés en cas de pourfuites pour le payement de la rente, avoient du moins celui de voir diminuer, & la quantité de cette rente pour laquelle un feul pouvoit être pourfuivi pour tous, & le nombre de ceux pour lefquels on étoit tenu de répondre.

L'Auteur des notes fur le traité *des droits Seigneuriaux,* par Boutaric tit. *du Cens* n. 23. rapporte un Arrêt rendu par le Parlement de Touloufe le 16. de Mars 1742, fur l'hipotéfe du Seigneur, acquereur de l'un des fonds foumis à l'indivis. Livonière trait. *des Fiefs* liv. 6. ch. 1. fect. 3. difcute très bien la queftion pour l'un & l'autre cas, & la décide contre les Co-tenanciers.

<h2 style="text-align:center">X X.</h2>

Le Co-tenancier, qui en vertu de l'obligation folidaire a payé le Cens, a fon recours contre les autres pour la part & portion qui les concerne, fans qu'il ait befoin de rapporter la ceffion aux droits du Seigneur. Mais cette ceffion lui eft néceffaire pour pouvoir agir folidairement contr'eux.

Duperier tom. 1. liv. 3. queft. 15. Livonière trait. *des Fiefs* liv. 6. ch. 1. fect. 3.

<h2 style="text-align:center">X X I.</h2>

Le poffeffeur du fonds emphitéotique peut être pourfuivi pour le payement des arrerages du Cens échus avant fon acquifition.

Paftour *de Feudis lib.* 3. *tit.* 6. n. 1. Il s'agit d'une charge impofée, non pas à la perfonne du poffeffeur ; mais fur le fonds, & qui le fuit en quelques mains qu'il paffe.

<h2 style="text-align:center">X X I I.</h2>

Le Seigneur pourfuivant le payement du Cens eft également difpenfé de fe faire placer dans l'ordre, en cas de bénéfice d'inventaire, ou de diftribution générale des biens, & de difcuter les autres biens de l'Emphitéote.

Arrêt en 1646. en faveur de Mr. le Duc de Vendôme, Prince de Martigues ; rapporté par Duperier tom. 2. pag. 424. Autre Arrêt du 2. de Novembre 1662. en faveur du fieur de Fortis d'Aix. Le Seigneur Direct n'eft pas regardé comme un fimple Créancier pour le Cens. La referve qu'il en a faite *in traditione fundi* le fait regarder comme étant refté propriétaire du fonds à concurrence du Cens.

XXIII.

Dans le concours du Seigneur pourfuivant le payement du Cens, & arrerages, & du Collecteur des Tailles, le Cens eft préféré à la Taille courante. Mais quant aux arrerages, la préférence ceffe.

Arrêts du 4. d'Avril 1629. pour le Chapitre de l'Eglife Cathédrale de Marfeille, du 9. de Novembre 1635. entre le Tréforier de la Communauté de S. Jeannet, & le fieur de Coriolis Seigneur de Corbières, rapporté par Duperier tom. 2 pag. 479 ; du 15. Juin 1984. en faveur du Seigneur de Puiloubier. Enfin l'Arrêt du 15. d'Avril 1711. rendu par des Commiffaires délégués entre le Seigneur & la Communauté de Rougiers donna la préférence à la Taille fur les *nouvelles cenfes.*

XXIV.

La réunion du Domaine utile au Domaine Direct opére l'extinction du Cens.

Arrêts du Parlement de Touloufe rapportés par Mr. d'Olive liv. 2. ch. 19. Voyez ci-deffus tit. *de la directe.* n. XVII.

TITRE VII.
DE LA BANNALITE'.

I.

EN Provence, la seule qualité de Seigneur justicier ou féodataire n'est pas, comme dans le district de plusieurs coutumes, attributive de la Bannalité. Nul Seigneur ne peut se l'arroger, s'il n'a un titre, ou une possession qui ait operé la prescription.

II.

Dans les autres Provinces régies par le droit écrit, la Bannalité peut être acquise par la prescription, dont une prohibition d'aller moudre, cuire & presser, ailleurs qu'aux Moulins, Fours, & Pressoirs Bannaux, ait ouvert le cours, & qui ait été consommée par l'acquiescement des Habitans pendant 30 ans. En Provence, le Seigneur justicier peut l'acquerir par la seule possession ; la circonstance de la prohibition n'est pas nécessaire.

Un de nos Statuts dont la datte est de 1520. rapporté par Mourgues pag. 369. De-Cormis tom. 1. col. 888. Pas-

tour dans son traité *de Feudis lib.* 1. *tit.* 5. n. 3. décide
que la prohibition est nécessaire, mais il ne fait pas absolument mention du Statut, & il n'examine la question
que rélativement au droit commun qui exige la nécessité
de la prohibition.

III.

La possession de 10 ans ne suffiroit pas au
Seigneur justicier, la prescription n'est consommée que par le laps de 30. ans.

De-Cormis liv. 1. col. 888. Pastour liv. 1. tit. 5. n. 3.
est tombé dans une double erreur en traitant cette question. Il dit que l'espace de 10. ans suffit, & pour le motif
de cette décision, il allégue la régle qui en matière de servitude continue admet la prescription de 10 ans. Il ne s'est
pas apperçu que la Bannalité qui ne sçauroit être exercée
sans le fait de l'homme, *sine facto hominis*, ne peut pas
être mise au rang des servitudes continuës.

Cet Auteur auroit pû avec quelque apparence de raison
fonder son opinion sur ces termes du Statut *ceux qui ont
accoutumé de long-tems.* Dans le droit, l'espace de 10 ans
forme *longum tempus*; mais il ne paroit pas que l'on puisse
donner une pareille explication aux termes du Statut dont
il s'agit. Il n'eut d'autre objet, suivant l'observation de
Mourgues, que celui de faire cesser tous les doutes sur la
circonstance de la prohibition; & cette Bannalité acquise
par la seule possession ne doit pas être traitée plus favora-
blement que la Bannalité qui ne peut être acquise par la
seule possession qu'autant qu'il y a eu une prohibition.

Le droit commun attesté par tous les Auteurs n'admet
que la prescription de 30 ans en pareil cas. Ferrières sur la
question 1. de Gui Pape. Despeisses tom. 3. pag. 211. Le
Grand sur la coutume de Troyes part. 1. art. 64. n. 23. La
Peyrere let. B. n. 32.

IV.

Les titres à la faveur desquels on peut réclamer

clamer la Bannalité font de plufieurs efpèces.
1°. L'inféodation. 2°. Convention paffée avec
les habitans. 3°. Dénombrement rélatif à un titre
primordial qui ne paroit pas.

V.

La claufe *cum furnis & molendinis* que l'on
trouve dans quelques inféodations ne fuffit pas
pour défigner la Bannalité.

Cravetta dans fon traité *de antiq. temp. part.* 4. §. *circa
præmiffa* n. 1. & 2. & dans fes conf. 870. & 871. Rol-
land Duval conf. 46. liv. 3.

V I.

La convention paffée avec les Habitans pour
l'établiffément de ce droit n'eft valable qu'autant
qu'elle a été précédée d'une déliberation prife
dans un Confeil général, compofé des Chefs
de familles.

Plufieurs Auteurs croient que le confentement unanime
des déliberans eft néceffaire. Il en eft d'autres qui n'exigent que celui de deux tiers.
Paftour liv. 1. tit. 5. n. 3. en parlant de Bannalité établie en leur faveur dit que la pluralité fuffit ; cette opinion folitaire ne doit pas prévaloir & il femble que l'on
doit opter pour celle qui n'exige que le confentement de
deux tiers. Defpeiffes tom. 3. tit. 6. de Juftice Bacquet des droits de Juftice ch. 19. n. 22. & 23. Tronçon
fur l'art. 71. de la coutume de Paris. Le Grand fur la coutume de Troyes art. 64. n. 34.

V I I.

Les dénombremens fournis par les particuliers,

n'affectent que ceux qui les ont donnés ; & quelque nombreux qu'ils foient ils ne forment pas un titre contre la Communauté.

Arrêt rendu en 1692. en faveur de la Communauté de Carros, contre le Seigneur qui avoir un grand nombre d'Actes de nouveau Bail, & de dénombremens qui prouvoient que prefque tous les Habitans s'étoient foumis à la Bannalité.

Il a été jugé par un Arrêt rendu contre Mr. Bouguier, Confeiller au Parlement de Paris, que les particuliers contre qui les Seigneurs avoient des titres reftoient foumis à la Bannalité, quoique l'univerfalité des Habitans n'y fut pas affujettie.

VIII.

Les Actes paffés par la Communauté pour l'établiffement ou aveu de la Bannalité lient les Forains, ainfi que les Habitans.

Vedel liv. 3. ch. 44. *Obfervations fur les Arrêts de Catelan.*

IX.

On donne improprement à nos Bannalités la qualification de *réelles ;* elles ne peuvent être regardées comme telles que par oppofition à celles qui dans les autres Provinces font appellées perfonnelles, & dont certaines perfonnes font exemptes par leur état & condition, par exemple, les Nobles, les Eccléfiaftiques, & Forains.

De-Cormis tom. 1. col. 1892 & Guiot tom. 1. pag. 352. donnent cette qualification de *réelle.*

X.

En Provence les Bannalités des Fours & Moulins à bled affectent, non pas tous les grains qui se recueillent dans leur distrist, mais seulement les grains qui s'y consument.

XI.

La Bannalité du Pressoir ou Moulin à l huile est la seule qui soit véritablement réelle. Toutes les olives du terroir doivent y être portées.

Il n'y a pas, en Provence, un seul exemple d'une Bannalité de Pressoir à vendange.

L'Arrêt du 30. de Juin 1656. rapporté par Boniface tom. 4. liv. 3. tit. 8. ch. 1. décida que la Bannalité du Moulin ou Pressoir à olives étoit réelle, les Forains ayant été condamnés à y porter toutes les olives qu'ils recuëilliroient dans le terroir.

XII.

Lorsqu'il y a plusieurs Coseigneurs dans un Fief, & que la Bannalité appartient à l'un d'eux, les autres y sont soumis, pourvû qu'il s'agisse d'une Bannalité dérivant de l'inféodation, ou établie en faveur du Seigneur avant le démembrement du Fief.

Arrêt du 1. de Juin 1745. en faveur du sieur de Thomas, Coseigneur de Pierre-Feu, contre le sieur Verignon, autre Coseigneur.

XIII.

Si la Bannalité avoit été établie par la Communauté en faveur d'un Cosseigneur après le démembrement ou division du Fief, les autres Cosseigneurs en seroient exempts.

C'est dans ce Sens qu'il faut entendre ces expressions que l'on trouve dans le 4. vol. du recuëil de Boniface liv. I. tit. 9. ch. 3. *Quant au droit de fournage la Communauté doit sçavoir, que. par l'usage de la Province les Cosseigneurs quand ils seroient au nombre de cent, ils en seroient exempts, & leurs Domestiques.*

Arrêt du mois de Juin 1704. qui déclare le sieur Attenoux, Cosseigneur de Roquebrune exempt de la Bannalité établie par la Communauté, & transportée au sieur de Badier, autre Cosseigneur.

XIV.

Lorsque la franchise ou exemption a été stipulée en faveur du Seigneur par la Communauté qui a acquis la Bannalité, le Fief étant ensuite divisé, chacun des Cosseigneurs n'en jouït qu'à proportion de la part qu'il a dans la jurisdiction.

Arrêts rapportés par Boniface tom. 4. liv. 3. tit. 2. ch. 1.

XV.

Les Curés, les Décimateurs, & autres Bénéficiers sont soumis à la Bannalité qui dérive de l'acte d'inféodation ou de l'acte d'habitation ; & l'on présume qu'elle n'a pas eu un autre principe lorsque le titre constitutif ne paroit pas, & que le dénombrement ou reconnoissances générales ne font pas mention de ce même titre.

Arrêt contre le Curé de Bargeme, rapporté par De-Cormis tom. 1. col. 886. & col. 892. Il rapporte une fentence arbitrale acquiefcée par le Curé du Canet. Arrêt du 26. de Mars 1655. contre le Curé de Broves. Arrêt du 12. de Janvier 1716. contre le Curé de la Parroiffe de Moriés dépendante du Marquifat des Baux. Arrêt du 1. de Juin 1724. contre le Curé d'Eyragues.

XVI.

La déliberation par laquelle une Communauté a établi la Bannalité ne lie les Curés & autres Bénéficiers que par rapport à deux fortes de biens. 1°. Ceux qui leur font patrimoniaux. 2°. Ceux qui n'étant pas de l'ancien Domaine de l'Eglife font foumis au payement des Tailles. Comme ils participent à cet égard aux avantages que ces fortes d'établiffement ont pû procurer aux Communautés, ils doivent en fupporter les charges qui en font une fuite.

Arrêt du 10. de Février 1749. qui déclare le Curé de Caffis, exempt de la Bannalité établie par la Communauté. Arrêt du 6. de Décembre 1750. en faveur du Curé d'Aubagne. Arrêt rendu en 1733. en faveur du Curé de Ceyrefte au fujet d'une Boulangerie clofe; efpèce de Bannalité qui affujettit les Habitans à ne confumer que du pain achetté à la Boulangerie.

XVII.

Les Forains y font foumis pour tout le pain qu'eux, leurs valets, locataires, & familles confument en cultivant leurs fonds, faifant les prifes & cuillettes des fruits, y allant & faifant féjour.

Arrêt du 38. de Juin 1656. rapporté par Boniface tom. 4. liv. 3. Cet Auteur en cite un autre rendu en 1617.

Mourgúes pag. 374. en rapporte deux, l'un du 3. de Décembre 1625., l'autre du 16. de Février 1574. Arrêt du 27. de Mai 1689. en faveur de la Communauté de S. Valier.

Arrêt du 27. de Juin 1691. contre les Forains du lieu du Canet.

XVIII.

Les Hôtes ne peuvent pas débiter, dans le district de la Bannalité, du pain qui ait été moulu & cuit ailleurs qu'aux Moulins & Fours bannaux. Les Boulangers n'y font pas foumis pour le pain qui ne s'y confume pas.

Albert dans fon recuëil d'Arrêts let. B. ch. 5.

XIX.

Les exemptions accordées aux poffeffeurs de certains fonds ne fe communiquent aux defcendans ou héritiers de ceux qui les obtinrent originairement, qu'autant qu'ils poffédent ces mêmes fonds.

XX.

L'exemption accordée à une famille ne doit pas être multipliée, lorfque la famille fe divife. Il faut la reftraindre à la Maifon à laquelle elle avoit été originairement accordée, & les familles qui defcendent de celle-là reftent fujettes à la Bannalité.

L'Auteur des nottes sur le traité de droits Seigneuriaux de Boutaric pag. 352.

XXI.

L'exemption ne se communique pas au Fermier & Métayer, il n'y a que les Domestiques & Serviteurs mangeant le pain du Maître qui puissent en jouïr.

De-Cormis tom. 1. col. 899. La Roche Flavin ch. 16. art. 2. Basset tom. 1. liv. 3. tit. 12. ch. 12. Dunod. trait. *des prescriptions* pag. 403.

XXII.

L'exemption de la Bannalité ne donne pas le droit d'avoir un Moulin pour son propre usage, mais seulement la liberté d'aller moudre on l'on veut ; il en est autrement à l'égard du Four. L'exemption seroit illusoire s'il n'étoit pas permis d'en avoir un ; les pâtes ne peuvant pas aisément & sans inconvenient être transportées à un autre Four.

Guiot tom. 1. pag. 431. De-Cormis tom. 1. col. 889. L'Arrêt du 30. de Juin 1745. rendu entre la Communauté de S. Maximin, le sieur de Carros & les Religieux Domiquains jugea que ces Religieux ne pouvoient pas être contraints de démolir leur Moulin ou Pressoir à huile ; mais il s'agissoit d'une Bannalité établie par la Communauté dont la déliberation n'avoit pas pû les lier. Ils avoient d'ailleurs un privilége très-étendu.

XXIII.

Dans les Terroirs qui ont une grande éten-

dûe le Seigneur est obligé de faire construire
des Fours en différens endroits du terroir à connoissance d'Experts.

Mourgues pag. 274. Arrêt entre le Seigneur & la Communauté de Gaubert rendu en 1631.

XXIV.

S'il accorde aux possesseurs ou Habitans de
ces Métairies l'a permission d'avoir des Fours, il
n'est pas censé les avoir dispensé par-là de payer
le droit de fournage.

Brillon dict. des Arrêts sous le mot *Bannalité* n. 42.
Albert let. D. ch. 7. art. 23.

XXV.

Les petits fours pour la pâtisserie & pâtes
non levées sont permis, pourvû qu'ils n'ayent
pas au-delà de deux pieds huit pouces de dia-
mettre.

Guiot tom. 1. pag. 441.

XXVI.

La Bannalité établie par un titre est imprescriptible, celle que le Seigneur a acquise par
la possession doit être sujette à la prescription.

De-Cormis. tom. 1. col. 890. S. Jean décis. 43. Arrêt
rendu en 1710. en faveur de l'Abbé de Thoronet.
Cette jurisprudence est contraire au sentiment presque
unanime des Auteurs, mais elle est conforme aux vrais

principes. La Bannalité acquise par un titre doit suivre le même sort que tous les autres droits Seigneuriaux par rapport à la prescription ; quant à celle dont le Seigneur est redevable à la seule possession, il paroit juste qu'il puisse la perdre par la possession contraire de franchise où les Habitans se seront maintenus pendant 30. ans.

A Touloufe on juge que la Bannalité établie *in traditione fundi* est imprescriptible. Vedel sur Catelan liv. 3. ch. 44.

Au reste, De-Cormis s'est trompé en donnant pour preuve de l'imprescriptibilité de ce droit les Arrêts rendus contre les Forains ; s'agissant d'un droit universel qui affecte tous les possédans biens, les Forains ne doivent être regardés que comme quelques particuliers à l'égard de qui le Seigneur est censé avoir conservé sa possession, en s'y maintenant par rapport à la généralité des Habitans.

XXVII.

Les arrerages des droits de mouture, de fournage & du détritage font dûs depuis 29 ans, lorsque le redevable soutient n'être pas soumis à la Bannalité, & avouë par-là qu'il n'a pas payé le droit ou redevance, par le passé.

Tous les Arrêts rendus contre les Forains qui prétendoient être exempts du droit de Bannalité & reconnoissoient par là qu'ils ne les avoient pas acquittés les ont condamnés au payement des arrerages.

Dans le cas où l'assujettissement est reconnû, la prescription a lieu en faveur du redevable & le Seigneur ne peut pas après le terme d'un an demander d'être admis à prouver par témoins que la redevance n'a pas été payée. Ainsi jugé par Arrêt en 1745. contre la Dame de Thomas de Pierre-Feu, en faveur de quelques Forains.

Il en seroit autrement si le droit ou retribution avoit été abonné à une redevance annuelle & dont il dût y avoir des acquits, les arrerages, que le redevable ne justifieroit pas avoir acquittés, seroient dûs.

XXVIII.

Si les droits de Fournage ou de Mouture ont été abonnés, les intérêts ne font pas dûs depuis l'échûte de la redevance, mais feulement depuis la demande.

Arrêt du 18. de Janvier 1716. en faveur du Curé de Moriés contre Mr. le Prince de Monaco.

XXIX.

Le Seigneur & le Sujet Bannier ont des obligations réciproques à remplir. Celles du Sujet confiftent à porter lui-même ou faire porter les grains, farines & olives aux Fours, Moulins & Preffoirs bannaux. Il ne peut pas exiger que le Seigneur foit chargé de ce foin.

Guiot tom. 1. pag. 436.

XXX.

L'amende & la confifcation des grains, pâtes, ou olives font les peines de la contravention. Il n'eft pas permis au Seigneur de faire des perquifitions dans les Maifons & Métairies; & ce n'eft qu'à mefure que l'on porte, ou qu'on rapporte les grains & olives que la faifie peut avoir lieu.

Guiot tom. 1. pag. 441. Bouchet *Bibliotéque du Droit François* fous le mot *Moulin* rapporte un Arrêt par lequel il fut permis de faire des perquifitions. Mais cet Arrêt ne doit pas être pris pour régle.

L'Arrêt du 30. de Juin 1745. rendu en faveur du
sieur de Carros, rejetta sa demande en confiscation, par cette
raison que les olives n'avoient pas été trouvées & saisies en
contravention.

XXXI.

Si les farines, pâtes ou olives échappent à
la saisie ou confiscation, le redevable est condamné non seulement à l'amende réglée par le
titre, mais encore au droit de Mouture, Fournage ou Detritage qu'il auroit dû payer.

XXXII.

Le Seigneur doit tenir ses Fours, Moulins
& Pressoirs en bon état ; & si par le défaut
d'entretien ou par quelqu'autre obstacle les Sujets étoient contraints d'aller ailleurs, leur obligation cesseroit jusqu'à leur retablissement.

Il y a plusieurs coutumes qui imposent aux Seigneurs
la nécessité de faire publier que les Fours, Moulins & Pressoirs ont été remis en bon état.

XXXIII.

Le Seigneur doit empêcher les surexactions ;
& sous ce nom sont compris les droits & re-
tributions que le titre constitutif ne donne pas.
Il n'y a point de prescription à opposer en cette
matière.

Ainsi jugé par Arrêt du 13. de Février 1638. pour la
Communauté d'Ollioules. Autre Arrêt du 28. d'Octobre
1638. par lequel les Fermiers du Four du même Lieu d'Ol-

lioules furent condamnés à des amendes & déclarés inca-
pables d'exploiter de semblables fermes. Arrêt du 2. de
Juin 1696. pour la Communauté de Lançon. Autre Arrêt
du 24. de Mai 1730. pour la Communauté d'Eyragues.
Arrêt du 26. de Juin 1699. pour la Communauté d'Aubagne. Arrêt du 30. de Juin 1744. pour la Communauté
du Bar.

XXXIV.

Si les surexactions ne consistent qu'en ré-
tributions exigées pour la peine dont les Forains ou préposés soulageoient les Habitans
chargés de porter & rapporter leurs grains,
leurs olives, la pâte, de la couper & mettre
sur la pêle ; l'action criminelle est interdite.
L'on ne doit intenter que l'action civile pour obtenir la reformation des abus, & en les proscrivant,
les Habitans restent chargés de ce même soin.

Les Arrêts dont il est fait mention sur l'article précédent ont déchargé les Fermiers ou préposés de toutes les
opérations dont la retribution proscrite étoit le salaire.

XXXV.

Les cendres doivent rester au Four, à moins
qu'il n'y ait titre ou possession contraire en faveur des Habitans qui fournissent le bois.

L'Arrêt du 30. de Juin 1744. le jugea de même en faveur du Seigneur du Bar.

XXXVI.

L'obligation de faire cuire les pâtes des
Habitans & de tenir les Fours en bon état, en-

traine celle de fournir le bois, à moins que le titre & l'ufage n'en ayent déchargé le Seigneur.

Leyfer *jus Georgicum tit. De furnis.*

XXXVII.

Le droit de fournage par rapport aux Fo-rains doit être réglé fur le pié du pain des va-lets & laboureurs, ou du pain métayer.

Ainfi jugé par un Arrêt cité dans les notes de M^c. Saurin, & rendu entre la Communauté de Neoulles & M^c. d'Efparra Lieutenant de Sénéchal à Brignole, poffeffeur du four Bannal de la Roque.

XXXVIII.

Il ne doit point y avoir de préférence aux Fours, aux Moulins & aux Preffoirs bannaux. L'expédition eft dûë à celui qui fe préfente le premier.

Loifel inftit. coutum. du droit Franc. liv. 2. tit. 2. regl. 32.

XXIX.

La régle, *après avoir attendu* 24. *heures, qui ne peut aller à l'un s'en aille à l'autre,* n'eft pas obfervée en Provence par rapport aux Moulins.

Cette même régle eft retracée par Loifel. En Provence il y a différens ufages. Mourgues pag. 375. Arrêt du 15. Janvier 1707. rendu entre le fieur Bonfilhon propriétaire d'un Moulin bannal à Berre, & la Communauté du même

Lieu. Il fut ordonné que les Habitans ne pourroient aller moudre leurs grains ailleurs, qu'après qu'ils seroient restés 3. jours naturels au Moulin.

X L.

Si les Habitans qui se présentent au Four ne sont pas en assés grand nombre, ou n'ont pas une quantité de pain assés considérable pour faire une fournée, le Fermier ou Préposé au Four ne peut pas les renvoyer au-delà de 24. heures.

Arrêt du 6. de Mars 1665. entre le Seigneur & la Communauté de Puyloubier rapporté par Boniface tom. 1. liv. 3. tit. 3. ch. 3.

X L I.

La Communauté ne peut pas établir un Préposé ou Inspecteur aux Fours Bannaux pour empêcher les abus & surexactions.

Me. Saurin Père fait mention dans ses nottes sur les collections Mss. de Duperier, d'un Arrêt du Parlement de Dijon qui, confirmant une Sentence arbitrale renduë par lui & deux autres Avocats, jugea, que la Communauté pouvoit établir un Préposé. Mais le contraire fut jugé par Arrêt du 26. de Juin 1699. entre la Communauté d'Aubagne & le sieur de Felix de la Renarde, possesseur des Fours Bannaux. Un pareil établissement donneroit lieu à des disputes continuelles; la voye de la plainte est ouverte à la Communauté. Semblable Arrêt en Juin 1754. entre le Prévôt du Chapitre de Barjols, & la Communauté.

X L I I.

Il n'est pas permis de faire chauffer le Four avec des joncs ou herbes,

Arrêt rendu contre les Fermiers des Fours Bannaux de Noves & cité dans les notes de M^e. Saurin.

XLIII.

Le Seigneur ne peut renoncer à la Bannalité établie par un acte qui contient des obligations réciproques. Mais si elle lui est devenuë onéreuse par la trop grande inégalité, il peut demander l'augmentation de la retribution.

Dunod. *des prescriptions* part. 3. ch. 11. Arrêt rapporté par Chorrier *jurisp. de Gui Pape* pag. 139.

XLIV.

Dans les Lieux où la Bannalité n'est pas établie en faveur du Seigneur, les Communautés d'Habitans peuvent rendre bannaux leurs Fours, Moulins & Pressoirs, sans le consentement du Seigneur.

Cet usage n'est pas particulier à la Provence. Dans tous les Lieux où la Bannalité est un droit qui n'a rien de commun avec la Justice, le Fief & la Directe, source d'où dérivent véritablement les droits Seigneuriaux, elle peut être établie par une Communauté d'Habitans. Dunod. *trait. des prescriptions* ch. 11. Pastour *de Feudis* liv. 1. tit. 5. n. 3. s'est trompé en établissant que cette faculté n'est accordée aux Communautés que dans les Terroirs Allodiaux, & dans ceux où le droit à été cédé au Seigneur par les Habitans.

XLV.

Le Seigneur pourroit s'opposer à cet établissément, s'il avoit des Moulins, Fours ou Pressoirs qui ne fussent pas bannaux. Un simple

particulier s'y opposeroit auſſi avec ſuccès ; mais
la Communauté auroit le droit de le contraindre
à vendre le Four , Moulin, ou Preſſoir.

Arrêts rapporté par Mourgues pag. 378.

XLVI.

Quoique la ſeule poſſeſſion ne ſuffiſe pas à
une Communauté pour s'arroger la Bannalité,
cependant on peut s'en prévaloir, s'il y a eu
une prohibition à laquelle les Habitans ayent
acquieſcé. Le titre défectueux peut-être validé
par un pareil acquieſcement.

Arrêt du 30. de Juin 1745. en faveur du ſieur de Carros,
contre la Communauté de S. Maximin. Des déliberations
particulières & conſtamment exécutées par des Habitans ,
furent regardées comme un titre légitime d'établiſſement
de la Bannalité. Chorrier dans ſa *Juriſprud. de Gui Pape*
ſeſſ. 12. Citte un ſemblable Arrêt du Parlement de Grenoble.

XLVII.

Les Communautés ne peuvent pas déliberer
d'exiger aux Moulins qui leur appartiennent
aucun droit de mouture, au préjudice d'un Moulin
appartenant à un Habitant.

Arrêts rapportés par Mourgues pag. 379.

XLVIII.

Lorſqu'il y a pluſieurs Fours, Moulins, ou
Preſſoirs bannaux, appartenans à différens particuliers, l'un d'eux ne peut pas diminuer la
retribution

retribution dûe & réglée pour la mouture, le fournage ou le détritage, pour s'attirer plus de travail.

Arrêt du 5. de Juin 1706. en faveur de la Dame de Pierre-Feu contre la Communauté du même lieu, qui propriétaire de l'un des Moulins avoit déliberé de diminuer le droit de mouture. L'Arrêt caffa la déliberation & adjugea des dommages & intérêts à la Dame de Pierre-Feu. Autre Arrêt du 30. de Juin 1741. contre le Fermier du même Moulin appartenant à la Communauté de Pierre-Feu ; il fut jugé que c'étoit donner atteinte à la régle & diminuer indirectement le droit de mouture, que de difpenfer les Habitans du foin de porter leurs grains au Moulin bannal. L'on adjugea auffi des dommages & intérêts au Seigneur propriétaire de l'autre Moulin.

TITRE VIII.

DE LA TAILLE SEIGNEURIALE,
ou cas Impériaux.

I.

LA Taille Seigneuriale connue communément en Provence sous le nom de cas Impériaux, est une redevance imposée par forme de subside en certains cas, en faveur du Seigneur.

Elle a plusieurs autres dénominations qu'il me paroit inutile de rappeller.

Cette Taille a été le modéle de la Taille Royale que S. Louis fut le premier à lever sur ses sujets par forme de subside, pour les frais de la conquête de la Terre-Sainte. Le projet échoüa ; les Tailles resterent, & devinrent enfin une charge periodique, & renaissante annuellement.

II.

On ne peut exiger la Taille Seigneuriale sans titre ; la possession immémoriale n'est d'aucun secours.

Pastour *de Feudis*, liv. 3. tit. 14. n. n. 1. Mr. de Boissieu *de l'usage des Fiefs* pag. 233. Bretonnier sur Henris tom. 2. liv. 3. quest. 24. Comme il en est de même à l'égard de tous les droits Seigneuriaux, je crois que les Auteurs, qui ont retracé cette régle, se seroient dispensés de ce soin, s'ils n'avoient trouvé quelques opinions contraires qui admettent la possession immémoriale comme tenant lieu de titre, à l'égard de la Taille Seigneuriale.

Les reconnoiſſances peuvent ſuppléer au défaut du titre primordial. Les Auteurs, qui parlent de titre néceſſaire pour exiger la Taille, n'ont pas entendu exclure les équi-valens.

III.

Si dans le titre il eſt fait mention ſimple-ment que les Vaſſaux ſont taillables aux cas or-dinaires, ſans déſignation du nombre, cela s'entend ſeulement de quatre. 1°. Celui de la dotation des Filles. 2°. Celui de la Chevalerie 3°. Celui du voyage d'outre-Mer. 4°. Celui de la Rançon.

Paſtour *de Feudis lib.* 3. *tit.* 14. n. 1. Mr. de Catelan liv. 3. ch. 16. S'il eſt dit que les vaſſaux ſont taillables aux cinq cas, l'on ajoute, aux quatre énoncés dans le précédent art., celui de l'acquiſition d'une Terre. Quel-quefois l'on en trouve un plus grand nombre. Mr. Cujas, ſur le tit. 7. du livre 1. *des Fiefs*, en compte juſques à 8. Ferrières ſur la queſtion 57. de Gui-Pape, & Mr. d'Olive liv. 7. en comptent 7.

Dans une tranſaction paſſée en 1264. entre les Seigneurs & les Habitans d'Oraiſon, les cinq cas ſont ainſi expri-més. *Si dicti Domini vel alter ipſorum transfetare vo-luerit in ſubſidium terræ ſanctæ ; vel aliquis eorum, vel ſuorum vel hæredum miles factus fuerit ; vel aliqua filia ipſorum maritata fuerit, vel ſi ipſi, vel aliquis ſucceſ-ſorum ſuorum captus fuerit, vel ſi terram accaptaverit ; in ipſis quinque caſibus ſervitium denariorum & bladi du-plicetur ;* c'eſt ſurtout cette fixation de la redevance qui eſt remarquable. Voyez ci-deſſous art.

I V.

Deux de ces cas ne ſont plus en uſage ; le voyage d'outre-Mer, & la Rançon.

Le premier arrivoit fréquemmeut après que les croifa-
des eurent été publiées en France pour engager les Sei-
gueurs François à paffer les Mers, pour chaffer de la
Terre-Sainte les Infidéles. Aujourd'hui il n'en eft plus
queftion. A l'égard de la Rançon, on échange les Pri-
fonniers de guerre ; & s'il y a du retour, c'eft le Roi qui
le paye. L'Auteur des notes fur le trait. *des droits Seigneuriaux* par Boutaric pag. 324. pofe la queftion, fi le
Seigneur, fans attendre que le Roi le rachette ou par un
échange, ou en payant fa Rançon, prend le parti de fe
racheter. Il décide que le droit de Taille eft dû, mais il
foumet le Seigneur à rendre ce qu'il a exigé, dans le cas
où il eft rembourfé par le Roi du prix de fa Rançon.

V.

Si par le titre, la Taille Seigneuriale eft
impofée vaguement pour le mariage des Filles,
le Seigneur peut l'exiger pour autant de Filles qu'il aura mariées.

Mr. le Préfident Faber fous le tit. *de jure emphit.* dans
fon code prétend qu'elle n'eft dûe que pour le mariage de
la Fille ainée. Graverol dans fes obfervations fur le trait.
des droits Seigneuriaux de Mr. de la Roche-Flavin, eft
d'un avis contraire ; & il a raifon. L'objet de la Taille
Seigneuriale a été d'accorder au Seigneur un fubfide pour
certaines occafions où il eft obligé de s'engager dans une
dépenfe confidérable. D'où il fuit qu'à moins qu'il n'y ait
quelque terme taxatif dans le titre, lorfque l'occafion de
la dépenfe prévûe fe renouvelle, le fecours doit être auffi
renouvellé.

VI.

La Taille Seigneuriale n'eft pas dûe pour le
fecond mariage des Filles.

Mr. d'Olive dans fes queftions liv. 2. ch. 7. Elle n'eft
dûe qu'une feule fois pour chaque Fille. Elle eft cenfée

voir formé une partie de la dot que la Fille porte du premier mariage dans le second.

La diverfité d'opinions, & le défaut de préjugés par rapport à l'ufage particulier à la Provence me déterminent à ne pas former une régle fur la queftion qui confifte à fçavoir, fi la Taille Seigneuriale eft dûe pour l'entrée en Religion , comme pour le mariage. Mr. d'Argentré fur l'art. 87. de la cout. de Bretagne, la Thaumaffière cout. de Berri ch. 16. Mr. de Boiffieu *de l'ufage des Fiefs* ch. 49. & Bretonnier fur Henris liv. 3. queft. 24. font pour la négative. Fromental dans fes décifions pag. 694. attefte que la Jurifprudence du Parlement de Touloufe eft pour l'affirmative , même dans le cas où la Fille eft entrée en Religion *gratis.*

VII.

S'il eft énoncé fimplement dans le titre que la Taille Seigneuriale fera payée pour le cas de la Chevalerie , elle n'eft dûe que pour l'ordre de Chevalerie conféré au Seigneur lui-même. Il faut une difpofition expreffe pour pouvoir l'étendre aux enfans.

Ainfi dans le titre que j'ai rapporté ci-deffus art. 3. les deux cas font prévûs. *Si aliquis eorum (dominorum) vel filiorum fuorum miles factus fuerit.*

Le mot *miles* eft ordinairement employé dans les anciens titres pour défigner un Chevalier. *Miles is potiffimum dicitur qui militari cingulo accinctus eft quem vulgò* Chevalier *appellamus.* Gloffaire de du Cange fous le mot *miles.*

VIII.

Il n'y a que l'ordre du S. Efprit qui donne lieu à la levée ou payement de la Taille Seigneuriale.

C'eft l'opinion commune. Je ne diffimulerai pas cependant que j'ai vû une confultation manufcrite de Mr. De-

Cormis, où il attefte qu'il y a des Arrêts du Parlement de Provence, qui ont adjugé cette redevance, dans le cas où les Enfans étoient reçus Chevaliers de Malthe. Je ne connois aucun de ces Arrêts ; & je crois qu'à moins qu'il n'y eût veritablement une Jurifprudence formée par plufieurs Arrêts, on ne devroit pas héfiter à rejetter cette extenfion. Dans une autre confultation de Mr. Pazeri de Thorame, très-verfé dans les matières féodales, j'ai trouvé la maxime générale adoptée, c'eft-à-dire, l'exclufion de l'ordre de Malthe. C'eft un ordre étranger, & tous les Auteurs conviennent, qu'il n'y a que le premier ordre de l'Etat ou du Souverain qui puiffe autorifer à lever la Taille. Ainfi l'ordre de S. Louis, & celui de S. Michel, quoique conférés par le Roi, n'ont pas ce privilége.

I X.

Ce droit eft, ainfi que tous les droits Seigneuriaux, affranchi de toute autre prefcription que celle dont une denégation ou contradiction de la part du redevable ouvre le cours. Quant aux arrerages, ils font fujets à la prefcription de 30 ans.

Arrêt du 8. d'Août 1630. rendu par le Parlement de Grenoble en la caufe évoquée entre le fieur de Villeneuve de Vence, & la Communauté de S. Jeannet. Il y a un autre Arrêt rendu en faveur du Marquis de Breffieux, contre les Habitans de Ribiers. Paftour s'eft trompé lorfqu'il a dit, dans fon traité *de Feudis lib.* 3. *tit.* 14. que la prefcription de 10. ans avoit lieu à l'égard de ce droit, à compter du jour de la dénégation.

D'Argentré fur l'art. 42. de la cout. de Bretagne. Catelan liv. 3. ch. 16. Boiffieu *ufage des Fiefs* ch. 49.

X.

Lorfque le titre conftitutif ne fixe pas la redevance qui doit être payée, elle confifte à doubler le cens refervé *in traditione fundi.*

Droit commun. Il y a plusieurs coutumes qui ont donné, par cette raison le nom de doublage à la Taille Seigneuriale. Mr. d'Olive liv. 2. ch. 6. Bretonnier sur Henris liv. 3. quest. 24. Fromental pag. 694.

Par l'Arrêt rendu en faveur du Marquis de Bressieux, & cité sur l'article précédent, les Habitans & possédans biens à Ribiers furent soumis à doubler le payement des Censes & corvées. Mais ce fut parce qu'il y avoit une reconnoissance générale du 13. de Mars 1495. qui étendoit le doublage aux corvées.

XI.

Le payement du Cens courant est compris dans le doublage.

Les redevables ne sont pas soumis à payer, outre le Cens courant, une somme ou quantité plus forte de moitié que le Cens. Mr. d'Olive liv. 2. ch. 6.

XII.

Les Ecclésiastiques, & les Gentilhommes sont soumis au payement de la Taille Seigneuriale pour raison des biens qu'ils possédent.

C'est une charge réelle. Graverol dans les observations sur Mr. de la Roche-Flavin pag. 552. Mais s'il s'agissoit d'une Taille Seigneuriale, imposée par quelque accord fait avec la Communauté, & qui n'eût aucun rapport à la tradition & possession des fonds, ni à un abonnement de quelque droit Seigneurial, auquel les Ecclésiastiques & les Gentilshommes fussent soumis, ils en seroient exempts.

TITRE IX.
DES CORVE'ES.

I.

L'ON entend par corvées , les manœuvres, & charrois que certains Seigneurs ont droit d'exiger pour l'exploitation de leurs Domaines, ou pour leur service & utilité.

II.

On ne peut pas acquerir ce droit par la possession même immémoriale. Il faut un titre primordial , ou des équivalens.

La Peyrere let. c. n. 141. rapporte un Arrêt du Parlement de Bordeaux rendu en 1713, & qui jugea que la possession suffisoit. Tel est aussi le sentiment de Ferrières sur la question 217. de Gui-Pape ; & de l'Auteur des notes sur le traité *des droits Seigneuriaux* par Boutaric, ch. 12. l'opinion contraire a beaucoup plus de sectateurs. Ils sont cités par La-Combe dans sa *Jurisprudence civile* sous le mot *Corvées*, n. 1. & par La-Place dans son *introduction aux droits Seigneuriaux* pag. 219.

En Provence, on n'admet jamais la seule possession comme capable de suppléer aux titres, en matière de droits Seigneuriaux. Pourquoi excepteroit-on de cette régle , les corvées qui méritent par elles-mêmes si peu de faveur.

Pastour liv. 3. tit. 13. semble n'admettre pour titre que l'investiture. *Operæ, vulgò* Corvées, *non debentur Patrono, nisi de illis actum fuerit in investiturâ.* L'investiture ne paroissant pas, les reconnoissances y suppléent.

III.

Les Corvées fe divifent en perfonnelles &
réelles. Les Eccléfiaftiques, & les Gentilshommes font foumis à celles-ci, & affranchis de
celles-là.

Loifel *inftit. cout.* liv. **6.** tit. **6.** art. **8.** l'Auteur des
notes fur Boutaric ch. **12.** Les perfonnelles font celles qui
font dûes pour raifon de l'habitation ; les réelles font celles qui ont été impofées fur le fonds.

IV.

Lorfque le titre ne fixe pas précifément le
nombre de Corvées, ou rend les Vaffaux & Emphitéotes corvéables à merci, le Seigneur n'en
peut exiger, de chacun d'eux, que douze par an.

Droit commun. La Combe *Jurifprud. civ.* fous le mot
Corvées n. **5.** l'Auteur des notes fur Boutaric ch. **12.** La-
Place *introduct. aux droits Seigneuriaux* pag. **224.** Livo-
nière trait. *des Fiefs* liv. **6.** ch. **6.** §. **V.**

V.

Si les corvéables font foumis envers le Seigneur
à des charges indéfinies, telles que celles, de la-
bourer fes champs, faucher fes prés, charrier le
bois pour fon chauffage, les corvées doivent être
fixées par le Juge à une quantité moderée, fuivant
les befoins du Seigneur, l'étenduë des Terres
fujettes, & les facultés des redevables.

Arrêt du Parlement de Metz du 27. de Janvier 1674. rapporté dans le Journal du Palais. J'ai vû un exemple fingulier de Corvées de charroi dans la tranfaction paffée entre le Seigneur & la Communauté d'Oraifon, & dont j'ai fait mention fous le tit. précédent. Art. III. *Convenerunt inter eos, quod fi aliquis dominorum voluerit fe aut familiam fuam fupellectilia transferre, feu mutare de dicto caftro ad aliud caftrum, quilibet hominum fuorum qui habuerit beftiam, teneatur tradere ad portandum res, & fupellectilia fua ad locum ubi voluerit fe transferre.*

VI.

La journée que le corveable doit fournir, commence & finit aux heures réglées pour les ouvriers, ou laboureurs à journées.

Jugement rendu en dernier reffort par des Commiffaires délegués le 2. d'Août 1730. entre le Seigneur & la Communauté de Volonne. *Ordonnons que les Habitans taillables dudit lieu de Volonne fourniront tous les ans par chaque Maifon une journée d'homme pour le recurage & entretien des foffés des moulins conformément au rapport d'eftimation, & options faites fur lefdits moulins aux années* 1639 *&* 1640, *après les fêtes de la Pentecôte, & autres jours néceffaires; lefquels Habitans & Journaliers fe rendront & fe retireront aux heures accoutumées des autres Journaliers.*

Ailleurs l'on a admis pour régle que la journée de Corvée commence au Soleil levant, & finit au Soleil couchant. Code Rural tit. 14. n. 6. Boutaric trait. *des droits Seigneuriaux* ch. 12.

VII.

Les corvéables doivent fe nourrir, & fe fournir à leurs frais des Inftrumens & Outils néceffaires.

Droit commun ; à l'exception de quelques coutumes

qui foumettent le Seigneur à fournir la nourriture. La Combe *Jurifprud. civ.* fous le mot *Corvées.*

Le Jugement rendu en dernier reffort, & cité fur l'art. précédent ordonna que les Habitans *porteroient chacun, une pêle & une pioche.*

VIII.

Le titre laiffant l'alternative de faire la Corvée, ou de payer une certaine fomme, le choix appartient aux corvéables.

La Combe *Jurifprud. civ.* fous le mot *Corvées* n. 12. Dans ce même Jugement entre le Seigneur & la Communauté de Volonne, après la difpofition qui foumet les Habitans à fournir une journée d'homme, fuit celle-ci, *ou payeront à leur choix la journée les concernant, fur le prix courant des journées.*

IX.

Les corvéables ne font pas affujettis à fervir perfonnellement ; & peuvent fournir le fervice par autrui.

La Peyrere let. c. n. 139. *fans pouvoir y fuppléer,* eft-il dit dans le Jugement cité ci-deffus, *par des Femmes, ni des Enfans au deffous de l'âge de* 15. *ans.*

X.

Le Seigneur ne peut ni convertir en argent, ni céder ou tranfporter à un tiers les manœuvres & charrois dont il n'a pas eu befoin.

Droit commun. Paftour liv. 3. tit. 13. n. 2. Boutaric trait. *des droits Seigneuriaux* ch. 12. Je trouve dans le Jugement entre le Seigneur & la Communauté de Volonne une difpofition qui paroît contraire à ce droit commun,

mais elle fut apparemment déterminée par le titre primordial. *Ordonnons en outre que les journées superfluës, si aucunes y en a, seront payées au Seigneur par les redevables, sur le pied de la valeur courante des journées lesquelles ne pourront être diverties ni employées par le Seigneur, ou ses rentiers à d'autres usages, qu'à l'entretien
& recurage desdits fossés.*

Ce qu'il y a surtout de remarquable dans cette disposition, est que les Fermiers ne sont pas regardés comme
un tiers à qui les Corvées ne puissent pas être cédées,
lorsqu'il s'agit d'un travail à faire pour l'exploitation des
Domaines. Il en seroit autrement, s'il étoit question de
Corvées concernant le service ou utilité personnelle du Seigneur.

XI.

Les corvéables doivent être avertis deux jours
avant celui pour lequel le Seigneur exige le
service.

Droit commun. Bretonnier sur Henris tom. 1. liv. 3.
quest. 33. Boutaric trait. *des droits Seigneuriaux* ch. 12.
Pastour liv. 3. tit. 13. n. 2. dit que le redevable ne doit
aucune indemnité au Seigneur s'il n'a pas été interpellé
de fournir la corvée. Le Jugement entre le Seigneur & la
Communauté de Volonne cité ci-dessus ; *& faute par lesdits redevables, ou leurs journaliers de se rendre sur les
lieux aux jours qui leur auront été assignés pour remplir
leurs journées, ou de payer icelles sur le pied du prix
courant, ils seront contraints en vertu du présent Arrêt.*

XII:

Les Corvées ne s'arreragent pas ; il faut les
demander dans l'an. Mais si par les titres, elles
ont été abonnées à une redevance fixe & annuelle,
les arrerages en sont dûs, comme ceux de tout
autre droit Seigneurial.

Droit commun. Loifel *inſtit. coutum.* liv. 6. tit. 16. n.
7. Boutaric ch. 12. & l'Auteur des notes *ibid.*

XIII.

Elles ne peuvent pas être exigées dans les
tems trop incommodes pour les redevables,
comme ceux des Semences, & des Moiſſons, à
moins qu'il ne fût queſtion de Corvées pour les
Semences & Moiſſons des Domaines du Seigneur.

Droit commun. La-Place *introduction aux droits Seigneuriaux* pag. 230. l'Auteur des notes ſur Boutaric ch. 12.
Les Auteurs examinent la queſtion, ſi le Seigneur peut
exiger pluſieurs journées de ſuite, & ſans intervalle. Il y
a diverſité d'opinions ſur un point, & uniformité ſur
l'autre. Tous conviennent que le Seigneur ne peut en exiger
au plus que trois par mois à moins que les titres ne l'ayent
réglé autrement. Quant aux trois jours conſécutifs, il ſemble que la Juriſprudence du Parlement de Paris qui les
accorde au Seigneur, doit être préférée.

XIV.

S'il s'agit de Corvées de charrues, le Tenancier qui n'en a aucune n'eſt pas obligé d'en
loüer, mais de ſuppléer par Corvées de cheval,
ou s'il n'a point de chevaux, par Corvées à
bras.

Henris & Bretonnier tom. 1. liv. 3. queſt. 32.

XV.

Le droit d'exiger les Corvées n'eſt ſujet qu'à
la ſeule preſcription dont la denégation ou

contradiction de la part des redevables ouvrent
le cours.

Bretonnier fur Henris tom. 1. liv. 3. queſt. 32. l'Auteur des notes fur Boutaric ch. 12. diſtingue entre les
Corvées établies par les titres primordiaux ou par les reconnoiſſances, & celles qui l'ont été par convention entre
les Vaſſaux & le Seigneur. Il veut que la preſcription ait lieu
à l'égard de celles-ci qu'il ne regarde pas comme féodales.
Mais en forment-elles moins un droit Seigneurial? Il ſemble que ſi cette diſtinction étoit adoptée, la preſcription devroit auſſi être admiſe à l'égard de tous les droits Seigneuriaux qui dérivent des conventions particulières, & n'ont
pas leur principe dans les titres primordiaux tels que l'acte
d'habitation, l'inféodation, ou inveſtiture ; & c'eſt-ce
qu'on n'a jamais prétendu, du moins en Provence.

TITRE X.

DU COMMIS.

I.

LA peine du Commis n'a pas lieu en Pro-vence de plein droit par le défaut de de-mande de l'inveſtiture dans l'an & jour, ni par le refus de donner le dénombrement ou re-connoiſſance, ni par le défaut du payement des redevances, pendant un certain tems, ni par la denégation faite en Jugement de la qualité de Seigneur, & de l'aſſujettiſſement aux redevances.

Ce ſont-là les principales cauſes exprimées dans le droit des Fiefs & Emphitéoſe, pour leſquelles un Emphitéote peut perdre ſon Domaine. Il y en avoit deux autres, mais l'une a été ſupprimée par-tout, depuis que les Fiefs ſont devenues patrimoniaux. C'étoit lorſqu'on alienoit, ou im-poſoit une ſervitude *inconſulto Domino*; & l'autre étoit l'ingratitude que l'on faiſoit conſiſter au refus de nourrir le Seigneur direct tombé dans la pauvreté. Celle-là a éprouvé le même ſort que l'autre. Je ne parle pas de ceux qui tien-nent au crime de felonie. Voyez ci-deſſus tit.

De-Cormis tom. 1. col. 819. établit que le Commis n'a pas lieu par le défaut de payement du Cens, même pendant 30 ans.

II.

Lorſque le Commis peut avoir lieu, il faut recourir à l'autorité du Juge, & l'on ac-corde un délai pour remplir l'obligation négli-gée par l'Emphitéote.

Ufage conftant. Paftour liv. 7. tit. 2. Mr. de Boiffieu attefte qu'en Dauphiné cette peine du Commis n'eft pas regardée comme favorable, & qu'on accorde auffi un terme pour la foi & hommage. Trait. *de l'ufage des Fiefs* ch. 5.

L'Arrêt du 16. de Mars 1665. rendu entre le Seigneur & la Communauté de Puiloubier, & rapporté par Boniface tom. 1. liv. 3. tit. 3. ch. 3. ne prononça pas même cette peine, & permit feulement au Seigneur dans le cas où les Confuls & Habitans ne fatisferoient pas à l'obligation de prêter l'hommage & de donner le dénombrement, & les Forains à celle-ci dans le délai de fix mois, de fe mettre en poffeffion des biens pour en jouïr jufques à ce que l'on eût rempli ces devoirs.

III.

Le défaveu fait, même en Jugement, mais fans fraude, ne donne pas non plus ouverture, au droit de Commis.

Paftour liv. 7. tit. 2.

IV.

S'il y a fraude, collufion, furchargement de prix, au préjudice du Seigneur Retrayant, la peine de Commis a lieu.

Arrêts rapportés par Boniface tom. 4. liv. 2. tit. 3. ch. 6. & 7.

Il y a un Arrêt fingulier du 13. de Mai 1583. rapporté parmi ceux de Mr. le Préfident de Coriolis, imprimés dans le fecond vol. des Œuvres de Duperier pag. 406. Un Emphitéote qui ne pouvoit ignorer la mouvance de fon fonds, puifqu'il en avoit fourni la reconnoiffance au Seigneur, diffimule cette mouvance dans l'acte de vente de ce même fonds. Il fut jugé qu'il devoit prendre le prix, au profit du Seigneur, pour lui tenir lieu de la peine du Commis. Cet Arrêt n'eft pas deftiné à fervir de régle.

TITRE

TITRE XI.

DU CHAMPART, OU TASQUE.

I.

AGrier, Champart, Tafque, font qualifications finonimes d'une redevance impofée fur les fruits du fonds Emphitéotique.

En Provence on ne la trouve énoncée dans les titres modernes que fous le nom de Tafque ; & dans les anciens titres, fous celui de *Tafca*, ou *Tafciâ*. Pour me conformer à cet ufage, je ne lui donnerai que ce feul nom.

II.

La Tafque eft querable, à moins que le titre ne l'ait établie portable.

Droit commun. C'eft la différence qu'il y a entre le cens qui, de fa nature, eft portable, & cette redevance dont il eft queftion dans ce titre.

III.

Le Tenancier du fonds foumis à la Tafque ne peut pas enlever les fruits, fans avoir averti le Seigneur, ou fon Fermier ; & la poffeffion même immémoriale, ne fuffit pas pour les affranchir de cette obligation.

Mr. de la Roche-Flavin ch. 6. art. 15. La-Combe jurifprud. civil. fous le mot *Champart* n. 5. La-Place, *in-*

troduction aux droits Seigneuriaux pag. 22. Boutaric *des droits Seigneuriaux* ch. 5. Arrêts rapportés par Guiot *differtat. fur les matières féod.* pag. 454.

Ainfi jugé en 1744. en faveur du Baron d'Allemagne pour qui j'avois écrit. Les redevables vouloient fe prévaloir de la poffeffion dans laquelle ils s'étoient toujours maintenus de n'avertir le Seigneur ou fes Fermiers qu'après avoir enfermé leur recolte dans leurs greniers.

IV.

Il fuffit que l'avertiffement ait été donné verbalement 24. heures avant que de tranfporter les fruits ; & en cas de déni de la part du Seigneur, la preuve par témoins eft reçûe.

Code Rural ch. 28. n. 4. L'Auteur des notes fur Boutaric ch. 5.

V.

Le Tenancier n'eft pas obligé de donner l'avertiffement hors du diftrict du fief, ou Territoire.

Droit commun. L'Auteur des notes fur Boutaric ch. 5.

VI.

La dîme Eccléfiaftique, & même les dîmes inféodées font prélevées avant la Tafque, nonobftant toute poffeffion contraire, même immémoriale.

Droit commun. La-Combe *Jurifprud. civil.* fous le mot *Champart* n. 4. Boutaric ch. 5. Code Rural ch. 28. n. 3. les dîmes inféodées confervent les Priviléges attachés à la dîme Eccléfiaftique.

VII.

La Tasque n'est perçue que sur les fruits res-
tants après le prélevement de la dîme , & non sur
la totalité de la recolte.

Arrêts du Parlement de Toulouse cités par l'Auteur des
notes sur Boutaric ch. 5.

VIII.

Le Tenancier du fonds sujet à la Tasque
peut prélever les queües & balieures ; mais
elles sont fixées au 5 pour 100.

Arrêt du 17. de Février 1687. rapporté par Boniface
tom. 4. liv. 3. tit. 6. ch. 1. il a fallu établir & fixer une
quotité précise pour ces queües & balieures pour prévenir
les abus.

IX.

On ne préleve pas les frais de semence, de
labour, & de la recolte.

La-Place *introduction aux droits Seigneuriaux* pag. 18.

X.

La Tasque n'est sujette à la prescription que
pour les arrerages ; & le Seigneur a droit de
les exiger pour 29 ans.

Arrêt du 19. de Juin 1635. rapporté par Duperier tom.
2. pag. 480. Autre Arrêt rapporté par Boniface tom. 4.
liv. 3. tit. 6. ch. 1. Autre Arrêt du 14. de Février 1643,
contre la Communauté de Ruftrel , en faveur de la Communauté d'Apt. Le Parlement de Toulouse n'adjuge les

arrerages que pour cinq années. M. d'Olive liv. 2. ch. 24.
Graverol fur Mr. de la Roche-Flavin ch. 6.

X I.

Le Tenancier ne peut pas priver le Seigneur du droit de Tafque, en convertiſſant le fonds fujet au payement de ce droit en Terre qui produiſe des fruits non Tafquables.

Arrêt du 18. de Février 1634. rapporté par Duperier tom. 2. pag. 480. Autre Arrêt en 1646. en faveur du Chapitre de l'Eglife Métropolitaine d'Arles. L'Arrêt contre la Communauté de Ruſtrel, cité ci-deſſus jugea de même. Duperier, en réclamant la régle dans la caufe où intervint le premier Arrêt, relevoit cette circonſtance, qu'il ne s'agiſſoit pas d'une Tafque générale, impoſée fur-tout le Terroir, où le changement de culture eſt compenſé fouvent par le changement d'un autre ; mais d'une Tafque particulière qu'il prétendoit être par-là plus favorable, la régle eſt générale.

De-Cormis tom. 1. col. 110. Il fut décidé en arbitrage par ce même Auteur, & M^e. Saurin, Fils, que les Habitans de Corbières, payeroient pour les Terres de labour Tafquables, & converties en vergers d'Oliviers, une certaine redevance en argent, à proportion de ce qu'elles auroient produit au Seigneur, en conſervant la nature de Terre de labour.

Au reſte, le Seigneur ne pourroit pas fe plaindre du changement de culture, ſi la Tafque étoit impoſée indéfiniment fur toute forte de fruits, parce qu'il recouvreroit d'une part ce qu'il perdroit de l'autre.

X I I.

Si le Tenancier néglige de cultiver le fonds fujet à la Tafque, le Seigneur a droit de demander fon indemnité, ſuivant l'eſtimation qui eſt faite par experts.

Arrêts du Parlement de Touloufe rapportés par Mr. de la Roche-Flavin ch. 5.

TITRE XII.

DU DEGUERPISSEMENT.

I.

LE Déguerpiſſement eſt l'abandon que l'Emphitéote fait du fonds donné à nou-veau bail, pour s'affranchir du payement du Cens & autres redevances qui y ont été impoſées.

Ainſi le Déguerpiſſement ne pourroit pas être fait pour s'affranchir d'une redevance indépendante de la poſſeſſion d'un fonds, & qui feroit le prix de l'extinction de quelque droit Seigneurial. En voici un exemple que j'ai vû.

La Communauté de Pierre-Rue s'affranchit de la Banna-lité du Four par une tranſaction de 1592, moyennant une penſion ou rente féodale de 18. charges blé. Elle préten-dit que par-là elle avoit acquis la Bannalité, & qu'il de-voit lui être permis de l'abandonner ou déguerpir. Pré-tention ſingulière ; auſſi fut-elle condamnée par un Juge-ment arbitral rendu par Mrs. Saurin & Decolla le 25. de Mai 1733.

L'acquiſition faite par la Communauté n'étoit autre choſe que l'extinction d'une ſervitude ; & il eut été abſurde de préſumer que les Habitans n'avoient entendu s'affranchir de cette ſervitude, qu'avec la condition tacite de pouvoir repaſſer ſous cette même ſervitude, pour ceſſer de payer la rente féodale.

D'ailleurs il eſt de l'eſſence du Déguerpiſſement d'affec-ter un fonds. On n'en voit point d'autres dans les livres. Il faut que ce que l'Emphitéote abandonne exiſte ; & un droit de Bannalité dont les Habitans ſe ſont affranchis n'exiſte plus ; & pour le faire renaître il faudroit le con-cours de la volonté des Habitans, & du Seigneur. D'où il ſuit, que le Seigneur s'y oppoſant, la Communauté of-froit de déguerpir ce qui ſe trouvoit anéanti.

II.

L'obligation par laquelle le Preneur a affecté tous ses biens pour l'exécution du contrat & payement des redevances n'est pas un obstacle au Déguerpissement.

Ainsi le Preneur lui-même & ses héritiers peuvent déguerpir. Arrêt rapporté parmi ceux qui avoient été recuëillis par Mr. de Thoron, & qui sont imprimés dans le 2e. vol. *des Œuvres de Duperier* pag. 379. Pastour liv. 3. tit. 11. De-Cormis tom. 1. col. 825. Il y a un autre Arrêt rendu en 1642. en faveur des sieurs Fauchier de Brignole. La tacite condition que l'Emphitéote payera la redevance *tant & si longuement qu'il possedera* est toujours sous-entendue dans le bail Emphitéotique.

III.

Le Preneur ne peut déguerpir, s'il a renoncé à cette faculté expressément ; mais le pacte ne lie pas ses successeurs.

Arrêt rendu en Juin 1628. rapporté par Pastour liv. 3. tit. 11. n. 1.

I V.

Le Tenancier ne peut déguerpir sans payer tous les arrerages des redevances échus pendant le tems de sa jouïssance.

Il n'est pas soumis à payer ceux qui étoient dûs par son prédecesseur. Ainsi jugé par Arrêt du mois de Février 1646. rapporté par Duperier tom. 2. pag. 428. Mais cela s'entend du tiers possesseur, & non des héritiers du Prefieur, lesquels ne font reçus à déguerpir qu'en payant tous les arrerages indéfiniment. Paftour liv. 3. tit. 11.

V.

Le Seigneur n'eft obligé de recevoir le Déguerpiffement qu'après la vérification de l'état où fe trouve le fonds, & le payement des déteriorations ; celles qui font furvenues, par cas fortuit, exceptées.

Paftour liv. 3. tit. 11. n. 3. De-Cormis tom. 1. col. 982. Mais le Tenancier tiers acquereur n'eft refponfable que des déteriorations qu'il a lui-même faites, & non pas de celles qui remontent au tems de. fes Auteurs. Le Seigneur n'a pour celles-ci qu'une action hipotéquaire fur le fonds ; & le Tenancier *rem dimittendo liberatur*.

V I.

Le Tenancier qui déguerpit ne peut demander le rembourfement des réparations, & méliorations qui ont été faites pour l'entretien des Terres, ou rélativement à une obligation qui lui avoit été impofée.

Arrêt du 27. de Novembre 1634. rapporté par Duperier tom. 2. pag. 228. Les Recteurs de l'Hôpital de la Miféricorde d'Aix, furent reçus par cet Arrêt à défavouer un expédient par lequel les précédens Recteurs avoient offert de rembourfer le prix des réparations. Paftour liv. 3. tit. 11. n. 5.
L'obligation de méliorer & non déteriorer eft toujours attachée au bail Emphitéotique. Mais s'il s'agit d'augmentations qui n'ayant pas un rapport direct à cet objet ; par exemple ; fi l'Emphitéote y a fait bâtir une Maifon pour fa feule commodité, il lui eft permis, en déguerpiffant,

d'emporter les matériaux. Paftour *ibid.* Mr. de Cambolas liv. 2. ch. 34.

VII.

Le Déguerpiffement ne peut pas être fait par démembrement ou en partie, par celui qui poffède la totalité du fonds Emphitéotique, ni par un des Coténanciers de ce même fonds, lorfqu'il a été divifé fans le confentement du Seigneur.

De-Cormis tom. 1. col. 842. Il ne feroit pas jufte que la divifion du fonds nuifît au Seigneur, & le contraignît à en reprendre une partie. Cette régle a lieu dans le cas même où il a été tranfporté par le même acte de nouveau bail plufieurs fonds foumis à un feul & même cens. On ne peut déguerpir, fans les abandonner tous. Mais s'il avoit été impofé un cens ou autre redevance fur chaque fonds féparément, on pourroit en déguerpir un ou plufieurs, & retenir les autres.

La Déclaration de 1684. faite pour la nobilité des fonds & héritages de la Province de Languedoc, renferme une difpofition finguliere. Les poffeffeurs ne peuvent être reçûs à déguerpir qu'en abandonnant tous les biens Roturiers & Taillables qu'ils ont dans le Terroir.

VIII.

Le Déguerpiffement n'a pas lieu pour une rente foncière, rachetable à prix d'argent.

De-Cormis tom. 1. col. 899. c'eft un principe retracé par le même Auteur, col. 830. que le Déguerpiffement n'eft pas reçu, lorfqu'on peut s'affranchir par une autre voye de l'obligation qui paroit trop onéreufe.

IX.

Le Déguerpiffement eft la feule voye qui

ſoit ouverte à l'Emphitéote, même dans le cas où il ſe plaint d'une lézion d'outre moitié.

Ainſi il ne peut pas faire uſage de la diſpoſition de la **Loi** *rem majoris, cod. De reſcind. vendit.* pour faire reſ-cinder l'acte de nouveau bail. Arrêt du 26. de Juin 1737 en faveur du ſieur Laurens de Lambeſc, contre Joſeph Guiramand de Lançon.

X.

Le Déguerpiſſement rend au fonds abandonné & repris par le Seigneur la nobilité qu'il avoit originairement.

Voyez ci-deſſus tit. *des biens Nobles* art. 14.

TITRE XIII.

DES BOIS, PATURAGES, TERRES gaftes ou incultes.

I.

LES Terres gaftes ou incultes, les Pâturages qu'elles produifent, & les bois qui
y font radiqués font préfumés appartenir au
Seigneur Jufticier qui a la directe univerfelle
dans un Terroir circonfcrit & limité.

Cette régle qui a fouffert autrefois des contradictions
eft aujourd'hui généralement adoptée en Provence Mr. de
S. Jean décif. 9. n. 7. Mourgues pag. 293. Mr. de Clappiers cauf. 50 queft. 2. n. 2. Mr. de Boiffieu trait. *de l'u-
fage des Fiefs*, ch. 96. après avoir établi *qu'en nulle Province du Royanme, le Seigneur, s'il n'a titre ou poffeffion,
n'a point d'avantage fur les Communautés, foit dans les
forêts & bois communs, foit dans les lieux deftinés aux
pâturages pour le bétail des habitans de la Terre*, ajoute
qu'il faut en excepter la Bourgogne & la Provence.

II.

La feule poffeffion même immémoriale ne
fuffit pas aux Communautés d'Habitans pour
acquerir la propriété des Terres gaftes. Il leur
faut un titre.

Cette régle eft une dépendance de ce principe que le
fimple ufager ne peut pas *mutare fibi caufam poffeffionis,*
& preferire contre fon propre titre. Or les Communautés

d'Habitans n'ont fuivant le droit commun obfervé en Provence qu'un fimple ufage dans les Terres gaftes.

III.

Les Habitans peuvent exciper de la prefcription pour fe maintenir dans la poffeffion du Terrain qu'ils ont défriché & ufurpé dans les Terres gaftes.

Ainfi la propriété des Terres gaftes, tant qu'elles reftent en cette nature, n'eft pas fujette à la prefcription, fi les Habitans n'ont en leur faveur que la poffeffion d'y avoir fait des actes de propriétaires. Mais en ceffant d'être en friche, elles fubiffent la Loi de la prefcription, comme la fubiroit tout autre fonds appartenant au Seigneur, & dont un ufurpateur auroit joüi pendant 30 ans. L'Arrêt du Confeil du 7. de Février 1702. que j'ai cité fi fouvent fous le tit. *des biens Nobles* permet aux Seigneurs de donner en compenfation les ufurpations faites dans les Terres gaftes. Voyez l'art. **XXXIV.** de ce même titre *des biens Nobles.*

IV.

La conceffion du droit d'ufage dans les bois, & pâturages des Terres gaftes eft une dépendance néceffaire de l'Acte d'habitation.

Mourgues fur les Statuts de Provence pag. 293. & 295. Ainfi les Habitans n'ont pas befoin d'un titre pour joüir de cette faculté.

V.

C'eft aü titre de conceffion, qu'il faut s'arrêter pour déterminer quel eft l'ufage des bois, & jufqu'où il peut s'étendre. S'il n'y a point de titre ; & que l'usage ne soit acquis qu'en vertu de l'habitation, la possession est la régle qu'il faut suivre.

Le titre doit en cette matière, comme à l'égard des droits Seigneuriaux, prévaloir à la possession. Mais en défaut de titre, la possession paisible & constante des Habitans fournit une présomption d'une convention entre le Seigneur & les Habitans par laquelle on a reglé & fixé l'usage. Il y a des Habitans qui n'ont que le droit de bucherer, ou de prendre du bois mort, ou broussailles pour l'usage de leur ménage. Il en est d'autres qui peuvent couper, pour des Instrumens aratoires, ou pour la construction de leurs Granges & Maisons.

L'Arrêt du 16. de Mars 1665. entre le Seigneur & la Communauté de Puiloubier rapporté par Boniface tom. 1. liv. 3. tit. 3. ch. 3. ordonna que le Seigneur prouveroit qu'il étoit en droit, possession, & coutume de prohiber aux Habitans de faire des Fours à chaux, dans les Terres gastes, & au défaut de preuve, permit à ces Habitans d'en faire, avec cette condition néanmoins que la chaux ne pourroit être employée que pour l'usage de leurs bâtimens, tant dans le lieu, que dans le Terroir, après avoir averti le Seigneur soit pour le choix du lieu moins incommode, soit pour éviter les abus.

V I.

Le propriétaire des Bois, Terres gastes, & pâturages, peut en disposer à son gré, par vente, ou arrentement, & donner à nouveau bail des démembremens des Terres gastes, en laissant néanmoins la quantité nécessaire pour l'usage des Habitans.

Arrêts rapporrés par Mourgues pag. 295. L'Arrêt rendu par la Cour des Aides de Montpellier le 10. d'Octobre 1670. dans la cause évoquée entre le Seigneur & la Communauté de Lagarde, défendit au Seigneur de donner des

Terres gaftes, en telle quantité, que l'ufage & faculté de dépaître ne devint inutile pour les Habitans.

VII.

Le droit d'affermer, vendre, jouïr & ufer appartient aux Habitans, lorfque le Seigneur leur a tranfporté la propriété des Bois & Terres gaftes ; & il ne lui eft plus permis de démembrer ces Terres gaftes par des nouveaux baux.

Arrêt du 15. de Mars 1561. rapporté par Boniface tom. 4. liv. 3. tit. 1. ch. 3.

VIII.

Le propriétaire peut forcer l'ufager à fe cantonner ; & le Seigneur qui a tranfporté à titre gratuit la propriété aux Habitans peut demander le triage.

L'explication de cette régle introduite depuis peu en Provence, & que Mourgues pag. 295. avoir attefté n'y avoir jamais été fuivie, exige un certain détail.

Suivant le droit commun obfervé dans les autres Provinces, le Seigneur, propriétaire des Bois, Pâturages, & Terres gaftes, peut faire réduire les ufages à une certaine portion mefurée aux befoins de ceux à qui ces mêmes ufages font acquis. On leur affigne un quartier ; & dès-lors ils n'ont plus aucun droit à exercer dans la portion qui refte au propriétaire, lequel ne peut plus faire aucun acte dépendant de cette même qualité de propriétaire dans la portion affectée aux ufages des Habitans. Mr. de Boiffieu *de l'ufage des Fiefs* ch. 96. Livonière trait. *des Fiefs* liv. 6. ch. 9.

Si le Seigneur a tranfporté à titre gratuit, & fans aucune réferve de redevance la propriété des Terres gaftes, il peut demander la diftraction du tiers ; & c'eft ce qu'on appelle *triage*. Ordonnance des Eaux & Forêts de 1669. tit. *des Bois, &c. appartenans aux Communautés & Habitans des Parroiffes* art. 4. 5. & 6.

Il eſt certain que même depuis la publication de cette Ordonnance on n'avoit point connu en Provence le cantonnement & le triage, & il avoit toujours été pourvû à l'intérêt des propriétaires & des uſagers par la diviſion, ou Réglement *pro modo jugerum, & poſſeſſionum* dont il ſera parlé dans l'art. ſuivant. Uſage fondé ſur la diſpoſition du droit Romain, ainſi que l'établit Mourgues pag. 295. Mais le Chapitre de l'Abbaye S. Victor de Marſeille propriétaire de la Forêt de Paleiſſon ayant demandé contre les Habitans de Roquebrune, uſagers, le cantonnement, il fut ordonnné par Arrêt rendu après partage le 29. de Février 1732.

Par un autre Arrêt du 3. de Septembre de la même année le triage, fut accordé au Seigneur d'Ongles, pour un droit de glandage. *Lui a permis de verſer dans les quatre Forêts du Territoire d'Ongles, le tiers de la quantité de 130. Cochons fixée par le rapport du 13. de Novembre dernier, & aux Habitans les deux tiers reſtans de la même quantité, avec inhibitions & défenſes reſpectives de verſer dans leſdites Forêts une plus grande quantité de Cochons, à peine d'en être informé, & de 100. d'amende, & d'en être informé, ſi mieux ladite Communauté n'aime procéder au partage des quatre Forêts par Experts convenus, autrement pris & nommés d'office par le Commiſſaire Rapporteur du préſent Arrêt dont il ſera diſtrait & ſéparé un tiers pour la glandée des Cochons dudit de Reynaud, & les deux tiers reſtants pour la glandée des Cochons des Habitans, avec inhibitions & défenſes reſpectives aux Parties de jetter leurs Cochons dans les portions les uns des autres, &c.*

Quoique ces deux Arrêts ſemblent d'abord n'avoir trait qu'à l'uſage des Bois ; le dernier qui fut attaqué, mais ſans ſuccès, par la voye de la caſſation, concerne réellement le droit de faire dépaître ; & pourroit fournir un préjugé pour les pâturages, étant fondé ſur la diſpoſition de l'Ordonnance de 1669. qui ne fait aucune diſtinction. Cependant l'on n'a vû encore perſonne en faire uſage non plus que de celui qui ordonna le cantonnement pour en étendre la diſpoſition aux Pâturages ; & dans tous les procès qui ont été jugés depuis il n'a été queſtion que de la régle qui va être retracée.

IX.

Le propriétaire & les usagers peuvent également-
mennt demander le partage ou Réglement des
Pâturages , *pro modo jugerum & possessionum.*

C'est ici le moyen le plus efficace pour prévenir les abus
qui donneroient atteinte aux droits du propriétaire , ou à
ceux des usagers. Il n'est pas particulier à la Provence. On
le pratique aussi en Espagne. Covarruvias *pract. quæst.*
cap. 37.

X.

Les Experts chargés de procéder au Réglement *pro modo jugerum* font l'évaluation des
Herbages ou Pâturages que peuvent produire
les Terres gastes , & les fonds qui appartenant
aux particuliers font soumis à la compascuité.
Après avoir fixé la quantité de bétail qui peut
être entretenu par ces pâturages , ils assignent
à chaque possédant biens, rélativement à l'alli-
vrement & cottes cadastrales , la quantité de
bétail qu'il a droit d'avoir pour la culture &
& engrais de ses fonds.

Ce n'est que pour cette culture & cet engrais que l'u-
sage est accordé. Ainsi l'on ne fait pas la répartition de
le totalité des Pâturages , lorsqu'il y en a plus qu'il n'en
faut pour les usagers.

XI.

On doit aussi avoir égard aux facultés de

dépaître acquifes aux Habitans dans des Terroirs circonvoifins.

Il y a plufieurs Arrêts, & entr'autres un en faveur du
fieur de Villeneuve Seigneur de Tourrettes pour qui j'avois
écrit. Dans le recuëil d'Arrêts imprimé par les foins des
Sindics de la Nobleffe, l'on trouve, à la pag. 42, un
Jugement arbitral rendu le 26. de Juin 1634; par cinq
Avocats, entre le Seigneur & la Communauté de Colobrières. *Lefquels Experts*, y eft-il dit, *auront égard à la
faculté de dépaître que lefdits Habitans difent avoir au
Terroir de la Verne pour le tems qu'ils y feront depaître
leur betail effectuellement.*

XII.

L'on affigne au Seigneur fa portion pour les
biens Roturiers qu'il poffède, & de plus, une
portion femblable à celle de deux Habitans les
plus allivrés, en confidération de fa jurifdiction.

Les biens Roturiers poffédés par le Seigneur étant foumis aux charges de la Communauté, il eft jufte qu'ils participent aux avantages. Il eft à cet égard au niveau des autres poffédans biens Taillables. Mais fes biens Nobles étant
affranchis de la compafcuité, & n'entrant pas par conféquent dans l'évaluation & répartition des Herbages, il ne
peut pas demander l'affignat d'une quantité de bétail pour
ces mêmes biens. Il lui eft libre cependant de participer à
la répartition, même pour ces biens Nobles, en les foumet-
tant à la compafcuité. Le choix fut donné au Seigneur de
Tourrettes par l'Arrêt que j'ai cité fur l'art. précédent.
Quant à la portion femblable à celle de deux Habitans
les plus allivrés, on croïoit autrefois que le Seigneur ne
pouvoit pas l'avoir cumulativement avec l'affignat pour fes
biens Roturiers. J'en trouve la preuve dans des Mémoires
anciens, & dans deux Arrêts cités par Mourgues pag.
295. où il s'explique bien confufément à ce fujet. Il rap-
pelle d'abord l'Arrêt du 25. de Juin 1608. entre le Seigneur & la Communauté de Châteauneuf Lès-Martigues;

&

& qui renferme cette difpofition ; *& au particulier dudit de Seytres lui fera affigné pour fa faculté autant qu'aux deux particuliers plus allivrés & cotifés.* Après, il fait mention de l'Arrêt du 17. de Mai 1639. entre le Seigneur & la Communauté de Ginaffervis, lequel ordonna qu'il feroit affigné au Seigneur, & aux Habitans la quantité de bétail, à proportion de leurs biens, *fi mieux le Seigneur n'aime joüir de la faculté des deux Habitans les plus allivrés.*

Mourgues ajoute que cette dernière claufe décide la difficulté propofée par Covarruvias *Pract. quæft.* 37. où il établit que le Seigneur peut jetter dans les Pâturages publics autant de bétail que les deux Habitans qui en ont le plus. *A laquelle maxime*, continue-t-il, *eft auffi conforme l'Arrêt que ladite Cour fit le 22. de Décembre 1619.* entre le Seigneur & la Communauté d'Efcragnolle. Il en rapporte la teneur ; & l'on y voit que l'on affigna au Seigneur outre la portion femblable à celle des deux Habitans les plus allivrés, celle qui concernoit fes fonds. Mourgues ne s'eft pas apperçu que cette difpofition, loin d'être conforme aux deux précédens Arrêts qu'il venoit de citer, y eft diamétralement oppofée.

Ce qu'il y a de fingulier eft que l'Arrêt d'Efcragnolle dont la difpofition a été enfuite conftamment prife pour régle eft plus ancien que celui de Ginaffervis qui ne donna au Seigneur que l'alternative.

XIII.

Si après que l'on a affigné à chaque poffédant biens la quantité de bétail qui lui eft néceffaire pour la culture & engrais, il y a un réfidu ou excédant de Pâturages, il appartient au propriétaire des Terres gaftes, ainfi que les places vacantes.

L'on entend par places vacantes les portions des Habitans qui n'ont point de bétail. L'on doutoit fi elles devoient appartenir par droit d'accroître aux autres Habitans. Mourgues cite pour preuve de l'affirmative ces deux mêmes d'Efcragnolle & de Châteauneuf, dont j'ai déja fait mention. Mais il faut d'abord retrancher le premier, puifqu'il y avoit une circonftance que cet Auteur a omis de remarquer. La propriété des Terres gaftes avoit été tranfportée à la Communauté par un acte de nouveau bail du 21 d'Avril 1562; peut-être le fecond Arrêt fut-il déterminé par une femblable circonftance.

Quoiqu'il en foit; il n'y a plus aujourd'hui aucun doute à fe former fur la certitude de cette propofition que le réfidu & les places vacantes fuivent la propriété des Pâturages. Jugemens & Arrêts rapportés dans le recuëil de la Nobleffe pag. 33. & fuiv.

XIV.

Lorfque le Seigneur a tranfporté aux Habitans la propriété des Pâturages, il ne peut plus démembrer les Terres gaftes par des nouveaux baux ; & le droit d'affermer & vendre les Pâturages eft acquis à la Communauté.

Arrêt en faveur de la Communauté d'Ongles du 15. de Mars 1561. rapporté par Boniface tom. 4. liv. 3. tit. 1. ch.3.

XV.

Le droit qu'ont les Habitans par rapport à ces ufages n'eft pas fujet à la prefcription ; & ils peuvent toujours avoir la quantité de bétail qui leur a été affignée.

Mourgues pag. 298. Il ne s'agit pas d'une fervitude, ni d'une faculté qui dérivant d'un titre eft fujette à la prefcription, mais d'un droit inhérant à l'acte d'habitation, & que ce même acte affure, tant qu'il a fon exécution pour l'habitation même.

XVI.

La faculté de dépaître ne s'étend pas au droit de glandage, s'il n'en eft fait mention particulière dans les titres.

Arrêt du 23. de Mars 1724. en faveur du fieur d'Efcalis, Seigneur de S. Julien, contre la Communauté d'Entrevenes, rapporté dans le recüeil de la Nobleffe pag. 48.

XVII.

Si les Habitans ont la faculté de glandage, il leur eft permis de faire provifion de glands pour la nourriture du bétail pendant l'Hiver, mais fans en pouvoir vendre dans le terroir ou ailleurs.

Arrêt du 5. d'Avril 1563. entre le Seigneur & la Communauté d'Ongles, rapporté par Boniface tom. 4. liv. 3. tit. 1. ch. 3.

XVIII.

Le Seigneur & les Habitans ne peuvent faire dépaître le bétail dans le cimetière de la Parroiffe.

Arrêt du 3. de Juin 1684. rapporté par Boniface tom. 4. liv. 3. tit. 1. ch. 4.

XIX.

Le Seigneur n'eft foumis, pour avoir fait dépaître les Beftiaux dans les Terres défenfables des Habitans qu'à payer le dommage, & non à la peine du ban.

Il y a deux fortes de Terres défenfables ; les unes le font par leur propre nature, par exemple, les Jardins, Vignes, Prés, & Vergers ; les autres le font par le fait, comme lorfque les poffeffeurs ont la liberté de diftraire de la compafcuité une partie de leurs fonds par des limites que l'on appelle en Provence, *des deffendudes.*

Le Ban eft une amende impofée à ceux qui introduifent leur bétail dans les Terres défenfables, ou dans des lieux où ils n'ont pas droit de le faire dépaître. Par les Statuts de Provence la peine du ban eft reglée à un certain taux, mais il eft permis aux Communautés de l'augmenter. On n'a jamais douté que le Seigneur ne dût être affranchi de ces fortes de peines impofées par la Communauté, mais on a mis en queftion s'il devoit l'être également de celles qui font établies par les Statuts & foumis feulement à payer le dommage caufé par fon bétail. Mourgues pag. 290. décide contre le Seigneur ; & Boniface tom. 4. liv. 3. tit. 1. ch. 4. rapporte un Arrêt du 3. de Juin 1684. conforme à cette décifion.

Mais la queftion s'étant de nouveau préfentée entre le fieur de Villeneuve Seigneur de Tourrettes pour qui j'écrivis, & la Communauté du même lieu, il y eut Arrêt en 1740. au raport de Mr. de Meyronnet de Châteauneuf en faveur du Seigneur. L'on voyoit dans ce procès une piéce remarquable, & qui juftifioit qu'anciennement on avoit regardé les Seigneurs comme exempts de la peine du Ban. C'étoit une enquête où les témoins après avoir dépofé que tels & tels avoient été autrefois Coffeigneurs de Tourrettes, ils ajoutoient pour preuve ; *nihil folvebant de banno , quod eft fignum condommii.*

X X.

L'obligation impofée par le nouveau bail à l'Emphitéote de réduire en culture le fonds en friche, & d'en payer la tafque, ne le prive pas de la liberté d'en laiffer une partie inculte pour les befoins du bétail néceffaire pour la culture & engrais.

Ainfi jugé par un Arrêt du 28. de Juin 1646 entre le Chapitre de l'Fglife Métropolitaine d'Arles, & plufieurs Emphitéotes à qui il fut permis de laiffer en friche la 8e. partie de leurs fonds.

Fin de la Seconde Partie.

TABLE

DES MATIÈRES.

A

B

C

DES MATIÉRES. xj

D

Mais

E

G

H

I

M

N

O

P

En

S

T

V

Fin du Second Volume.

FAUTES A CORRIGER.

PAg. 7. lign. 19 fol. *lifez* for. lign. 20. de tabellione, *lifez* de tabellionage.

Pag. 12. lign. 4. fur le motif, *lifez* fut le motif.

Pag. 39. lign. 4. exclu, *lifez* exclus.

Pag. 60. lign. 32. les Fortifications, *lifez* la Fortification.

Pag. 63. lign. 25. Precureurs, *lifez* Procureur.

Pag. 119. lign. 30. Nifmes, *lifez* mimet.

Part. II. pag. 71. lign. 10. *fupererevenientiam*, lifez *fupervenientiam*.